Kinnebrock, Integriertes Eventmarketing

Wolfgang Kinnebrock

Integriertes Eventmarketing

Vom Marketing-Erleben zum Erlebnismarketing

Forkel-Verlag

Die Deutsche Bibliothek – CIP-Einheitsaufnahme

Kinnebrock, Wolfgang:
Integriertes Eventmarketing: vom Marketing-Erleben zum
Erlebnismarketing / Wolfgang Kinnebrock. – Wiesbaden:
Forkel, 1993
  (Marketing)
  ISBN 978-3-663-05890-8

ISBN 978-3-663-05890-8   ISBN 978-3-663-05889-2 (eBook)
DOI 10.1007/978-3-663-05889-2

Es gibt drei Arten von Unternehmen:

Jene, die eine Veränderung bewirken, jene, die eine Veränderung geschehen lassen, und jene, die über eine Veränderung erstaunt sind.

(Prof. Philip Kotler)

Inhalt

Einleitung

Die Kommunikationsbranche unserer Zeit erinnert ein wenig an ein Marathonläufer-Feld, welches in den 70er und 80er Jahren unglaublich temporeich in Schwung gekommen ist. Die Gruppe stürmt voran, und von Zeit zu Zeit ruft einer der Spitzenläufer die neue Richtung aus.

In den letzten Jahren häuft sich jedoch die Anzahl der richtungsweisenden Läufer, und nicht immer stimmt die von ihnen angegebene Richtung überein. Im Feld der Nachfolger ist die Unsicherheit deutlich zu spüren, genauso wie die Notwendigkeit einer deutlichen Richtungskorrektur.

So in etwa läßt sich die Situation umschreiben. Marketing und Kommunikation sind im Aufbruch, viele unterschiedliche Ansätze zur Neuorientierung bieten sich an, und althergebrachte Spielregeln scheinen ihre Gültigkeit zu verlieren.

Schockiert nimmt die Branche zur Kenntnis, daß der Verbraucher nicht mehr so willig wie ehemals den Botschaften der Industrie folgt. Sein Verhalten, Denken und Handeln orientiert sich an veränderten Wertevorstellungen, die einem neuen Zeitgeist entsprechen. Unternehmen, die für sich die Attribute **„innovativ, modern und flexibel"** in Anspruch nehmen, können sich von solchen Entwicklungen nicht überraschen lassen. Entwicklungen, deren Ausmaß wir heute erst fragmentweise erkennen können.

In dieser Ausarbeitung ist deshalb den Wandlungsprozessen zukünftiger Jahre besonders breiter Raum gewidmet. Dabei geht es weniger um utopische Phantastereien als vielmehr um Änderungen, die heute bereits zukünftige Trends ersehen lassen. Diese Prozesse, vor allem im technologischen Bereich, bestimmen das Tempo neuen Denkens in der Kommunikation erfolgreicher Unternehmen. Und dieses Tempo wird immer rasanter, erfordert immer schneller ein neues Verhalten.

Die Kommunikationsformen der nächsten Jahre sind ansatzweise schon abgesteckt: Dialog-Marketing, Erlebnis-Strategien, Szenen- und Event-Marketing, Begriffe gibt es zuhauf, die Inhalte sind jedoch oftmals noch verschwommen.

Es ist nicht die Aufgabe dieser Ausarbeitung, den eingangs erwähnten Marathonläufern in der Kommunikationslandschaft die endgültig verbindliche Richtung zu geben. Ziel soll vielmehr sein, eine Schneise durch den Begriffsdschungel zu schlagen und mögliche, weil naheliegende Wege aufzuzeigen.

Das eigentlich **„Neue"** liegt dabei in der Vernetzung von bewährten und von bisher wenig genutzten neuen Formen. Integrierte Kommunikation muß mehr sein als nur ein Schlagwort, das sich attraktiv durch die Fachbeiträge der Medien zieht. Integration und Vernetzung werden zu Notwendigkeiten, wenn es um übergreifende Strategien der Zukunft geht.

Das alles wird letztlich zusammengefaßt zum Stichwort **„Integriertes Event-Marketing"**. Event steht dabei für **„das Besondere, das Ereignis"**. Genau das darf der Konsument der 90er Jahre in sehr viel stärkerem Maß erwarten, das Besondere, das den Rahmen der einseitig abgefeuerten Werbebotschaften übersteigt. Die nicht alltägliche Erlebniswelt wird zukünftig den Erinnerungswert bestimmen.

Neue Regeln erfordern aber auch einen neuen Geist. Es ist dies nicht unbedingt der Geist des technokratischen Marketings, das sich ausschließlich an den Ergebnissen der Marktforschung orientiert und nicht den Mut aufbringt, kreative Entscheidungen **„aus dem Bauch heraus"** zu treffen.

„Marketing ist die Psychose der Impotenz" behauptet Hans Domizlaff, großer Markenschöpfer der Nachkriegszeit, und setzt hinzu, daß *„. . . Marketing nur eine Massierung von Geldmitteln mangels Geist ist."*

Gewiß ein harter Ausspruch, doch angesichts der über die Medien lärmenden Werbeappelle der Industrie sicherlich nachvollziehbar.

I.
Die großen Überraschungen der 90er Jahre

Alles spricht dafür, daß die 90er Jahre der Beginn eines umfassenden Umbruchs in den verschiedensten Bereichen sein werden. Auffällig dabei ist das ungeheure Tempo, mit dem sich diese Veränderungen vollziehen.

Dies wird besonders deutlich an der weltpolitischen Situation, die sich nach über 40 Jahren Stagnation und Status quo innerhalb von 3 Jahren geradezu revolutionär wandelte. Sichtbarer Ausdruck dieser Wandlung, vor allem in Osteuropa, ist das Ende der Konfrontation zwischen zwei Machtblöcken und die Verschiebung von Freund- und Feindbildern.

Die Konsequenzen dieses Prozesses lassen sich nur erahnen und werden entscheidenden Einfluß auf zukünftige Entwicklungen haben, vor allem im wirtschaftlichen Bereich.

Welches sind also die Änderungsprozesse, mit denen wir uns schon heute auseinandersetzen müssen? Hier 10 der wichtigsten Annahmen:

1.

Die politischen Machtverhältnisse haben sich geändert und werden sich weiter ändern. Vom Gleichgewicht zwischen 2 Machtblöcken kommen wir zur weitaus gefährlicheren Situation des Ungleichgewichts unterschiedlichster kleiner und unberechenbarer Blöcke. Allein die Aufsplittung der ehemaligen UdSSR und die damit verbundenen Probleme werden eine Menge Risiken beinhalten.

2.

Die Stellung der USA als wirtschaftliche Großmacht wird relativiert. Europa und vor allem Japan bilden — trotz immer wieder auftretender Konjunkturschwankungen — weiterhin beachtliche Gegenpole. Andere asiatische Länder ziehen nach.

Die Dritte Welt besitzt ein großes Potential, in diese Prozesse einzugreifen, wird es aber durch verschiedenste Faktoren wie Bevölkerungsexplosion, Währungsprobleme oder Umweltzerstörung kaum können.

3.

Trotz aller Absichtserklärungen und der 1993 eintretenden Änderungen im Warenhandelsverkehr wird Europa auch weiterhin eine Union weitestgehend selbständiger Staaten sein.

Die beabsichtigte Währungsunion wird sich Ende der 90er Jahre wegen unterschiedlichster nationaler Interessen kaum realisieren lassen.

Am meisten werden sicherlich die Neueinsteiger von der EG profitieren.

4.

Ein weiteres Schlüsselthema dieses Jahrzehnts ist die weltweite Energieversorgung. Alternative Energien — heute weit und breit nicht in Sicht — werden zu den vorrangigen Forschungsobjekten zählen.

5.

Die Umweltdiskussion wird auch diejenigen Staaten erreichen, die diesem Thema heute noch keine Beachtung schenken. Die Abgabe von Kohlendioxyd und Methangas in die Ozonschicht ist ein bereits heute erkanntes Problem, und auch hier wird die Wissenschaft sehr viel stärker gefordert sein als bisher.

6.

Am rasantesten entwickeln sich neue Technologien im Informations- und Kommunikationsbereich. Die Mikroelektronik wird relativ kurzfristig den Durchbruch zur Schaffung künstlicher Intelligenz bringen.

Telekommunikation wird durch Breitband-Verkabelung die Voraussetzungen für neue Kommunikationsformen bringen. Eine Informationsgesellschaft etabliert sich.

7.

Ein ebenso bedeutendes Forschungsgebiet, die Biotechnologie, sowie ihre Integration in andere Technologien wird eminente Auswirkungen in den Bereichen Medizin und Umwelt bringen. Auch hier werden die Zeitsprünge der Entwicklungsstufen immer kürzer.

8.

Insbesondere diese technologischen Prozesse haben tiefgreifende Auswirkungen im gesellschaftlichen Bereich. Ein Wertewandel setzt ein, der sich bereits heute schon abzeichnet. Er wird mitbeeinflußt durch die wachsende Anzahl der Hochschulabsolventen und die Verlagerung von soziologisch gekennzeichneten Gesellschaftsgruppierungen.

9.

Eine wesentliche Änderung wird der sich bereits abzeichnende Wandel von der produktorientierten Wirtschaft zur Dienstleistungsgesellschaft sein. Dieser Wandel geht Hand in Hand mit den sich immer rascher entwickelnden Technologieprozessen.

10.

Die Abschätzung des Konsumentenverhaltens wird in diesem Szenario immer schwieriger. Verbraucher sind besser ausgebildet und können sich schneller und gezielter informieren.

Große Zielgruppierungen unterteilen sich in kleinere, spezielle Szenarien mit unterschiedlichsten Ansprüchen. Die Beeinflussung durch klassische Verbraucherwerbung erhält unter diesen Aspekten neue Spielregeln.

Diese 10 sehr straff dargestellten Annahmen gehen von heute bereits erkennbaren Entwicklungen aus und lassen sich durchaus nachvollziehen. Alles deutet in der Tat auf einen Bruch mit den bisher gültigen Spielregeln hin, der tiefer und umfassender sein wird als die Umbrüche in den ersten Jahrzehnten des 20. Jahrhunderts.

Die entscheidendsten Impulse kommen dabei aus dem technologischen Bereich. Die Technisierung des alltäglichen Lebens sowie auch nicht alltäglicher Ereignisse wird in allen Bereichen Anlaß zum Umdenken geben müssen. Nur wenig läuft unter Ausschluß der Öffentlichkeit. Drastisches Beispiel aus unseren Tagen ist der Golfkrieg 1991, der mehr oder weniger zum Medienereignis wurde.

Für die Industrie ergibt sich dabei das Problem, daß ein Vorsprung in der Grundlagenforschung nicht mehr in so hohem Maß zu Buche schlägt. Der Technologietransfer sowie der Einsatz neuer Technologien erfolgen so rasant, daß vor allem die Anwendung kombinierter Technologien oder das Eindringen in Nischen echte Wettbewerbsvorteile bringt.

In diesem Umfeld wandeln sich auch die Gesetzmäßigkeiten modernen Marketings relativ umfassend. Vor allem ändern sich die großen Massenmärkte der letzten Jahrzehnte. Es entwickeln sich Teilsegmente, die ihre ganz eigenen Vermarktungsregeln erfordern.

Der Verbraucher ist wesentlich besser informiert und kann die Glaubwürdigkeit einer Werbebotschaft rasch überprüfen. Markentreue wird zum Problem, und die geschlossenen Warenwirtschaftssysteme des Handels, wiederum beeinflußt durch Technologie, verringern den Einfluß der Industrie.

Wo also wird uns die Entwicklung hinführen?

Sehen wir uns darum im folgenden vier relevante Änderungsprozesse und ihre Folgen für das Marketing von morgen an:

Visionen oder Träume?

Der technologische Sprung in den nächsten Jahrzehnten wird speziell die Kommunikation vor völlig neue Situationen stellen. Ein Szenario der zukünftig zu erwartenden Möglichkeiten mag dies verdeutlichen.

14

Der Verbraucher des Jahres 2000 ist per Kommunikations-Center mit seiner Umwelt interaktiv verbunden. Per mündlichen Befehl erscheint auf dem großen Flachbildschirm ein Inhaltsverzeichnis möglicher Informationsquellen.

Die Aufzeichnungseinheit hat während der Nacht die Nachrichten, ein Sportereignis, die Börsenkurse und einen Spielfilm aufgezeichnet. Alles Informationen, die den eingespeicherten Interessen des Benutzers entsprechen.

Die Nachrichten werden zuerst abgerufen, und zwar in einer individuell zugeschnittenen Form. So erfährt der Benutzer zuerst, daß eine Tagung, an der er am kommenden Tag teilnehmen will, abgesagt wurde. Das Center hat die gebuchten Flüge über Nacht selbständig storniert. Als nächstes kommt der Bericht über die Ursache der Absage, nämlich ein Streik des gesamten Flugpersonals. Der Benutzer will mehr erfahren, und auf Befehl kommen Hintergründe des Streiks, Prognosen über weitere Entwicklungen usw.

Beim Studium der Börsenkurse kreist der Benutzer entsprechende Daten mit einem Spezialstift auf dem kleinen Bildschirm seiner Zentraleinheit ein. Der Stift aktiviert die Touch-Screen-Scheibe und speichert die Daten in das elektronische Archiv des Centers. Gleichzeitig zeigt der Bildschirm Hochrechnungen über weitere Entwicklungen an.

Das integrierte Bildtelefon meldet sich, und ein Geschäftspartner möchte einige Unterlagen einsehen. Der Benutzer zeigt die Dokumente über den Bildschirm, und zur Sicherheit druckt der Gesprächspartner am anderen Ende der Leitung einiges davon aus.

In der Mailbox des Kommunikations-Centers findet der Benutzer neben anderer Post ein Werbeangebot für Wein. Per Datenarchiv überprüft er die werblichen Behauptungen und stellt fest, daß der angepriesene Jahrgang längst nicht die Qualität aufweist, die der Absender der Werbung anpreist.

Für den Arbeitsablauf des Tages entnimmt der Benutzer die portable Computereinheit, um auch von unterwegs das Center benutzen zu können.

Die aufgezeichnete Sportveranstaltung und den Spielfilm transportiert das Center in das elektronische Archiv und ergänzt gleichzeitig automatisch den Index um diese zwei Aufzeichnungen.

Zugegeben, das hört sich utopisch an, ist es aber keineswegs. Der multimediale Einsatz des Computers wird ungeheuer große Mengen an Daten über Breitbandnetze transportieren, und dies wird auf intelligente Weise geschehen.

Ein Vorreiter der neuen künstlichen Intelligenz ist das Forschungsprojekt MEDIA LAB des Massachusetts Institute of Technology (MIT). Rund 100 Firmen unterstützen die Arbeit des MIT.

Herausragendes Forschungsziel des MIT wie auch anderer Institutionen ist es, die Intelligenz der Systeme zu entwickeln. Die Kommunikation von zwei künstlichen Systemen, sozusagen hinter dem Rücken des Benutzers, ist das vorläufige Endstadium.

Viele der Technologien im oben geschilderten Szenario existieren bereits heute. Bildtelefon, Telefax oder portable Computer wie Laptops sind bereits Bestandteil unseres Lebens, und wir gewöhnen uns rasch an die Vorteile, die sie bieten.

Andere Technologieansätze werden weiterentwickelt. Im Mittelpunkt steht die multimediale Vernetzung des Computers, verbunden mit gigantischer Speicherfähigkeit und eigenständiger Logik.

Völlig neue Technologien gesellen sich hinzu, Holographie etwa oder Virtual Reality, die Entwicklung der räumlichen Illusion.

Zwischen all diesen Ansätzen fehlt heute jedoch noch die Normierung und Verbindung. Am Ende wird mit Sicherheit das stehen, was oben mit dem Begriff Kommunikations-Center umschrieben wurde. Der Sprung vom elektronischen Zeitalter der 70er- und 80er-Jahre in das mikroelektronische, digitalisierte Zeitalter ist durchaus zu erahnen. Seine Folgen für den einzelnen werden gravierender sein als bei allen bisherigen Technologie-Sprüngen.

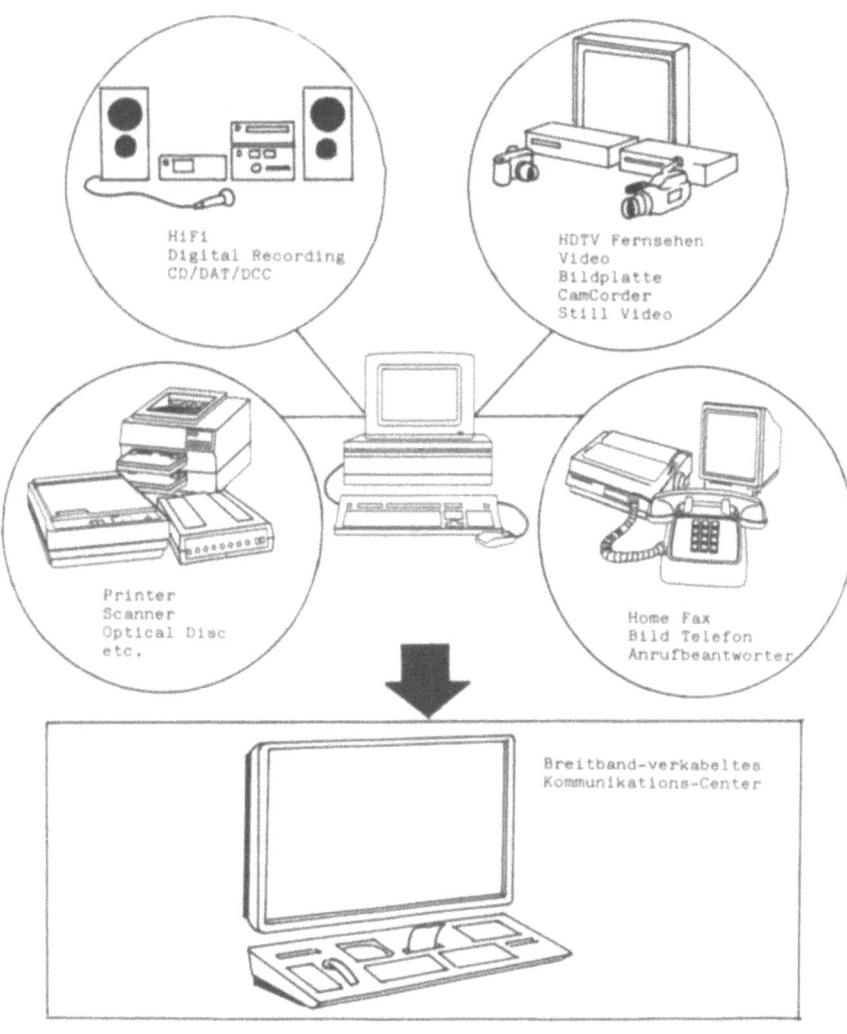

HiFi
Digital Recording
CD/DAT/DCC

HDTV Fernsehen
Video
Bildplatte
CamCorder
Still Video

Printer
Scanner
Optical Disc
etc.

Home Fax
Bild Telefon
Anrufbeantworter

Breitband-verkabeltes
Kommunikations-Center

Zukunft der Kommunikation im Konsumentenbereich?

Technologie und Werbung

All die zuvor geschilderten Entwicklungen brechen wie ein Naturereignis in die bestehenden Kommunikationsformen ein. Zu Beginn der 90er Jahre sind sich nur wenige Werbeexperten darüber im klaren, welche Konsequenzen sich bis zum Beginn des nächsten Jahrtausends ergeben werden.

Die wichtigste dieser Konsequenzen besteht darin, daß der Konsument in ungleich höherem Maß entscheiden kann, welche Werbemaßnahmen ihn wirklich erreichen sollen und welche nicht. Der Videorecorder und seine Fernbedienung lassen uns schon heute erahnen, wie nicht geliebte Werbung ignoriert wird.

Sehen wir uns einige der bedeutendsten Veränderungen an:

- Die Medien der Zukunft werden mehr und mehr zu Medien des Konsumenten. Er entscheidet über ihre Nutzung. Informationen, die für ihn keinen Wert besitzen, lassen sich problemlos aussortieren.

- Kommunikation wird reaktiv und interaktiv. Der Verbraucher der Zukunft ist vernetzt, und diese Vernetzung bietet ihm alle Möglichkeiten, sofort reagieren zu können. Rund 5,5 Mio. Teilnehmer hat zum Beispiel das französische „MINITEL"-System, eine Variante des in Deutschland erfolglos gebliebenen Videotext-Angebotes. Über Minitel können Verbraucher Shopping oder Kontoführung ebenso einfach erledigen wie Informationen über Immobilienangebote oder Börsenberichte abrufen.

- Die Glaubwürdigkeit von Werbebotschaften wird transparenter. Anhand von Datenbanken kann der Konsument sekundenschnell überprüfen, ob werbliche Behauptungen wirklich einen realen Hintergrund haben.

- Computer-Simulationen ermöglichen völlig neue Arten der Kommunikation. Ein Prospekt beispielsweise, dessen Inhalt digitalisiert auf einer CD-ROM verarbeitet ist, kann Produktvorteile in eindrucksvoller Weise darstellen.

Die einseitig abgefeuerte Werbung der Industrie, oftmals mit riesigen Investitionen ausgestattet, wird unter diesen Voraussetzungen mehr und mehr fragwürdig, weil nicht mehr kontrollierbar.

Selbst in Amerika, einem Land, in dem die Verbraucher durch jahrzehntelange Erfahrung an werbliche Dauerberieselung gewöhnt sind, macht sich langsam ein gewisser Unwille breit. Ein Fernsehprogramm, welches in 20minütigem Rhythmus von Werbespots unterbrochen wird, verliert an Akzeptanz durch zahllose Optionen, die sich in anderen Kanälen ergeben.

Das, was sich hier erst zögernd abzeichnet, wird in den nächsten Jahren zu einem Umdenken in den Kommunikationsprozessen führen müssen. Die allumfassende Information des Konsumenten durch neue Technologien sowie die Interaktionsmöglichkeiten wachsen Schritt für Schritt. In den gleichen Rhythmen muß sich die werbungtreibende Industrie anpassen.

Inmitten dieses technologischen Marathons kommt jedoch noch ein ganz anderes Phänomen auf uns zu: die Gefahr einer zwischenmenschlichen Verkümmerung durch technologisch orientierte Lebensgestaltung. Menschen, die theoretisch ihre Wohnung nicht mehr verlassen müssen, um ihre Grundbedürfnisse zu stillen, werden in sehr viel höherem Maße Spontanität und Selbstentfaltung in den Mittelpunkt ihres Handelns setzen.

Diese Fähigkeiten stehen in engem Zusammenhang mit Erlebnis- und Umfeldorientierung. Die Generierung von Strategien, welche diesen Orientierungen entsprechen, ist eine logische Konsequenz und heute noch eher selten anzutreffen.

Die technologische Weiterentwicklung zieht somit zwei Konsequenzen für die Werber nach sich:
- Zum einen gilt es, sich neuer Technologien zu bedienen und ihre Möglichkeiten für die Kommunikation zu nutzen,
- zum anderen geht es darum, dem wachsenden Bedürfnis der Konsumenten nach veränderten Lebenswerten gerecht zu werden.

Gesellschaft mit veränderten Werten

Ein gesellschaftlicher Wandel ist ein Dauerprozeß, der uns durch die Geschichte hindurch begleitet.

In der jüngsten Vergangenheit wurden diese Prozesse sehr stark geprägt durch die beiden Weltkriege und die sich daraus ergebenden Folgeerscheinungen.

Nach dem zweiten Weltkrieg etablierte sich eine pluralistische Gesellschaft, in der sich teilweise übernommene Wertevorstellungen der Vergangenheit mit neuen Impulsen mischten.

Diese Wertevielfalt hat sich auch durch Generationswechsel hindurch nicht grundsätzlich geändert, jedoch zeichneten sich in den 70ern und 80ern Tendenzen ab, die zu neuen Orientierungen führten.

Dieser Prozeß ist natürlich ein fließender und wird durch die verschiedensten Umstände am Fließen gehalten. Dazu zählen vorübergehende Trends und Wellen ebenso wie langfristige Umstrukturierungen.

Einen ganz wesentlichen Beitrag liefern die technologische Weiterentwicklung und die sich daraus ergebenden Folgeerscheinungen. Ereignisse und Informationen aller Art verlieren zunehmend an Abstraktheit, werden mehr und mehr miterlebbar oder nachvollziehbar.

Trotzdem muß davon ausgegangen werden, daß angelernte oder traditionelle Wertvorstellungn auch zukünftig nicht an Bedeutung verlieren, sondern daß lediglich das Spektrum erweitert wird:

Tendenzen im Wertewandel

	50er—70er	80er→
Arbeitsleben	Berufliche Laufbahn ist Lebensinhalt und teilweise sogar Lebensziel, je nach Grad der Beschäftigung. Die Loyalität zum Arbeitgeber ist relativ hoch, auch im Sinne der Arbeitsplatzsicherung. Frauen müssen für gleiche Anerkennung in der Regel mehr leisten.	Der Stellenwert als Lebensinhalt sinkt rapide zugunsten der Freizeitgestaltung. Aber: der Beruf bleibt wichtig und soll mehr Spaß machen. Die Flexibilität von Arbeitszeiten steigt ebenso wie der Wunsch nach Selbständigkeit. Bei älteren Arbeitnehmern wächst die Angst vor Internationalisierung und Komplexität des Arbeitsplatzes.
Freizeit	Freizeit unterliegt in höherem Maße den Auswirkungen des Berufes. Im Mittelpunkt stehen Familie, Hobby, 1 bis 2 Reisen pro Jahr und in hohem Maße der Konsum der Massenmedien, speziell TV. Vereinswesen nimmt einen relativ breiten Raum ein.	Geselligkeit, Freunde, Urlaub und Vergnügungen stehen weitaus stärker im Blickfeld. Wichtig ist die selbständige Gestaltung der wachsenden Freizeit. Die Bedeutung von Familie und Kindern bleibt hoch, der Konsum von Medien wird selektierter, das Live-Erlebnis steht im Vordergrund.
Staat/Politik	Politische Auswirkungen werden als unausweichbar gesehen. Geldwertstabilität und Arbeitsplatzsicherung	Politiker werden skeptischer beobachtet und ihre Glaubwürdigkeit angezweifelt. Der Informationsgrad ist höher

	50er—70er	80er→
	sind ausgeprägt. Das Verhältnis zur Politik ist indifferent und wenig ausgeprägt. Das Selbstverständnis des Staates wird negiert (Nachkriegs-Syndrom)	und die kritische Auseinandersetzung dementsprechend ausgeprägter. Bestimmte Formen von nationalbewußtem Denken kommen zurück. Das Rechtsbewußtsein nimmt noch stärker zu.
Ehe/Familie	Die traditionelle Familie bestimmt trotz steigender Scheidungsraten das Gesamtbild. Der Ehemann als Verdiener und die Ehefrau als Mutter sind in diesen Rollen akzeptiert.	Die Bedeutung der Ehe bleibt, aber in anderem Selbstverständnis. Partnerschaft unter Doppelverdienern ist ausgeprägter, nach geburtsarmen Jahrgängen ist der Trend zum Kind wieder stärker. Zeitlich fixiertes Zusammenleben ist eine ausgeprägte Alternative.
Kinder und Jugendliche	Kinder sind in der Nachkriegszeit nicht das Lebensziel vieler Menschen. Dementsprechend gibt es viele Generationskonflikte und ein frühes Ausbrechen aus dem Elternhaus. Jugendliche sind in der Regel besser informiert als ihre Eltern und auch kritikfähiger.	Kinder zu haben wird wieder wichtiger. Kinder und Jugendliche emanzipieren sich relativ früh, aber doch in angepaßter Form. Jugendliche denken und reagieren kritisch gegenüber Staat und Gesellschaft, aber nicht so spektakulär wie früher. Sie sind frei von Berührungsängsten mit neuen Technologien.

	50er—70er	80er→
Die Älteren	Der Generationskonflikt äußert sich in der Selbstüberlassung der Alten. Alt sein ist wenig attraktiv, und die Alten wissen relativ wenig mit sich und ihrer Situation anzufangen.	Die aktive Lebensphase verlängert sich, auch gefördert durch eigene Interessen. Andererseits ist die soziale Absicherung nicht mehr so stark, und die wachsende Alterspyramide kreiert ein Problem.
Ausbildung	Die solide Ausbildung als Handwerker oder Kaufmann ist die Basis für das Berufsleben. Daneben gibt es eine starke Tendenz zur Hochschulausbildung.	Der Anteil an Hochschulabsolventen steigt drastisch, wobei er dem Bedarf des Arbeitsmarktes nicht immer gerecht wird.
Technik	Die Technik ist als Hilfe im Arbeits- und Privatleben akzeptiert, solange sie begriffen wird. In Bezug auf High Tech gibt es bei Erwachsenen ausgesprochene Berührungsängste.	Die zunehmende Technisierung des Alltags ist akzeptiert und formiert sich vom Berufsfeld ausgehend auch im Privatleben. Der Umgang mit der Technik wird zum Alltag.
Urlaub/Fitness	Überwiegend eine große Urlaubsreise pro Jahr bestimmt die Freizeitausgaben in hohem Maße. Südliche Länder dominieren unter dem Stichwort Sonne—Strand—Meer. Auch das weiter entfernt liegende Ausland gewinnt an Reiz, das	Auslagen für Urlaub und Reisen dominieren weiterhin die Ausgaben. Wichtiger für die Wahl des Ortes werden Umweltaspekte. Der Urlaub verteilt sich auf 2 bis 3 Reisen pro Jahr, wobei nicht immer die Fernziele wichtig sind, sondern Geselligkeit

	50er—70er	80er→
	organisierte Erlebnis ersetzt in hohem Maße die Eigeninitiative.	und Ablenkung im Vordergrund stehen. Gesundheit und Fitness stehen ebenfalls bei der Urlaubsgestaltung weiter vorn.
Wohnen	Wohnen bedeutet einen Mix zwischen Repräsentation und Gemütlichkeit. Der Trend zum Eigenheim ist enorm stark und führt zur Stadtflucht. Wohnungen sind streng gegliedert, Bäder und Schlafzimmer sind unterrepräsentiert, dem Wohnraum wird der größte Platz zugestanden.	Entsprechend dem Trend zu mehr Geselligkeit steigt auch die Bedeutung der Wohnung. Sie wird noch stärker zum Statussymbol, wobei die Architektur neue Möglichkeiten eröffnet. Das eigene Büro gewinnt ebenso an Bedeutung wie die Integration moderner Technik. Bei allem Drang zur Repräsentation bleibt Wohnlichkeit aber auch weiterhin Trumpf.
Gesundheit und Fitness	Nach einer Welle von mehr oder weniger ungehemmtem Genießen wird ein Trend zu Gesundheit und Fitness entdeckt. Trends wie Jogging oder Kraftsport sind erste Anzeichen einer neuen Einstellung.	Gesundheitsbewußtsein gehört zum Alltag, und das krankheitsvorbeugende Denken in Ernährung und Lebensweise bekommt eine enorme Bedeutung. Es entwickelt sich eine Abneigung gegen Chemie und Schadstoffe, und regelmäßige Gesundheitstrends propagieren je-

	50er—70er	80er→
		weils bestimmte Arten der Lebensführung.
Essen/Trinken	Der Pro-Kopf-Konsum an schädlichen Genuß- mitteln wie fetthaltige Kost, Alkohol und Ziga- retten ist relativ hoch. Bei besonderen Gele- genheiten ist Gourmet- und ausländische Kü- che stark im Kommen.	Das Gesundheitsbe- wußtsein bestimmt auch die Wahl der Nahrungs- und Genuß- mittel. Drei Hauptmahl- zeiten sind nicht mehr so wichtig, der Konsum von Alkohol und Ziga- retten geht zurück.
Umwelt	Das Wissen, wie stark und wodurch der Le- bensraum bedroht ist, fehlt noch mehr oder weniger. Die Benut- zung von Umweltschä- digern, zu denen das Auto zählt, geschieht ohne schlechtes Ge- wissen. Erste Umwelt- schutzorganisationen wie „Greenpeace" wer- den kaum beachtet.	Trotz Unsicherheit in den einzelnen Berei- chen des Umweltschut- zes etabliert sich sehr rasch ein ausgespro- chen umweltbewußtes Denken. Chemie in al- len Variationen be- kommt einen schlech- ten Beigeschmack. Se- lektion der Abfallbesei- tigung, Beschränkung bei umweltgefährden- den Produkten und Verringerung des Müll- anfalls werden konse- quent nachvollzogen. Es kann in diesem Zu- sammenhang durch- aus auch zu Hysterien kommen.

Zielgruppen der 90er

Werte, die in den Nachkriegsjahrzehnten relativ gefestigt waren, verlieren zukünftig einen großen Teil ihrer Starrheit. Gerd Gerken formuliert diesen Wandel in seinem Buch **Abschied vom Marketing** wie folgt:

*Die Konsummuster haben sich in den letzten drei Jahren gravierend gewandelt: von der Lebensunterhaltung zum Lebensstandard. Wir stehen heute vor einer „**Quality** Epoche", die begrifflich durch Charakterisierung wie Individualität, Hedonismus, Gegensätzlichkeit etc. umschrieben wird.*

Hinzu kommt, daß der Verbraucher sich mehr und mehr selbst steuert, anstatt sich steuern zu lassen. Seine Wertevorstellung, seine Interessen und sein Problem werden in sehr viel höherem Maße zu Eckpfeilern, die mitbestimmend sind für anzubietende Problemlösungen.

Dies wird in noch stärkerem Maß unberechenbar sein, da ein exakt vorhersehbares Verbraucherverhalten nicht möglich ist und unter den Umständen der Individualität und Eigensteuerung nur noch in kleinen Segmenten zum Tragen kommt.

Die Folge ist das, was verschiedene Experten mit **Mikro-Segmentierung** umschreiben und was nichts anderes heißt, als daß die breiten Zielgruppen in ihrer bisherigen Form recht fragwürdig werden.

Abgesehen von soziodemographischen Daten muß also die Frage lauten, wie Zielgruppen sich unter diesen Umständen einkreisen lassen.

Kennzeichnend für Zielgruppen sind im Prinzip zwei Bereiche: der des Lebensabschnittes und der des Lifestyles.

Innerhalb dieser zwei Achsen ergibt sich eine Fülle von Möglichkeiten, die abhängig sind von Gruppenverhalten, Situationen, Umfeld oder Informationsstand. Eine Katalogisierung dieser Möglichkeiten, wie sie immer versucht wurde, stößt zukünftig auf immer größere

Schwierigkeiten, da Verbraucher situationsabhängiger handeln und von einem Szenario in das nächste fallen.

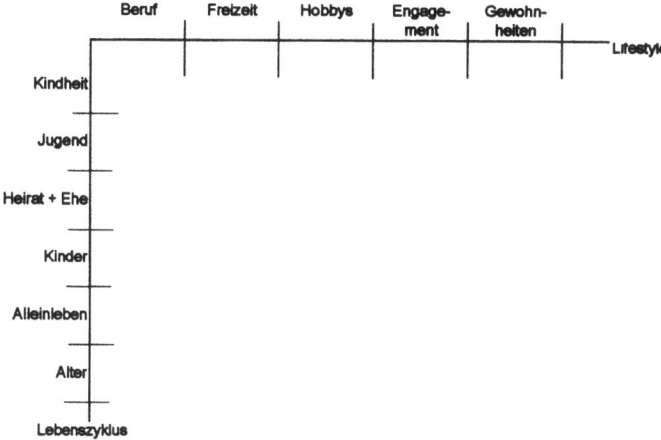

Situationen ändern sich jedoch bekanntlich, und das kann in sehr schnellen Intervallen geschehen. Was also erforderlich sein wird, ist die direkte Teilnahme an diesen Änderungen, um Szenarien oder Gruppenverhalten schnell zu erkennen und daraus sich entwickelnde Problemlösungen im richtigen Timing bereitzuhalten.

Dies ist in der Tat ein Prozeß, der traditionelle Wege der Zielgruppenbearbeitung mehr als in Frage stellt.

Andererseits muß aber auch vor einem völligen Ignorieren der traditionellen Milieu-Bausteine gewarnt werden. Tief verankerte Wertevorstellungen ändern sich nicht so rasch, als daß sie nicht auch in veränderten Szenarien eine Rolle spielen.

Die Informationsgesellschaft

Vielleicht ist es noch recht früh, von einer Informationsgesellschaft zu reden, zumindest, wenn man über den Zeitraum der nächsten Jahre nachdenkt.

Andererseits jedoch erfordert die Beschäftigung mit neuen elektronischen Medien keine spezielle Begabung oder Ausbildung mehr, sondern ist lediglich eine Frage der Gewohnheit.

27

In jedem Falle aber wird die Nutzung neuer Technologien das Gesellschaftsbild gründlich auf den Kopf stellen. Die Nutzung des Computers als umfassendes Kommunikationsinstrument im Zusammenhang mit Information und Kommunikation über Kabel wird neue Medien schaffen, die dann die Medien des Verbrauchers sein werden.

Mit anderen Worten: Wir erhalten langfristig unsere eigenen, individuellen Medien.

Die Konsequenzen liegen auf der Hand: Der einzelne konzentriert sich auf das, was ihn wirklich interessiert, nämlich auf nützliche Informationen und selektiertes Entertainment.

Der nächste Schritt ist, daß wir reagieren und interagieren können. Die Vernetzung über Breitbandkabel eröffnet den Weg zum Dialog.

Dies sind keine Utopien, sondern Entwicklungen, an denen heute bereits gearbeitet wird und die in absehbaren Zeiträumen realisiert werden können. Die Absender von News, Werbebotschaften oder Entertainment müssen sich also heute bereits Gedanken machen, wie sie sich schrittweise in diese völlig neuen Kommunikationsschienen integrieren können.

Neue Entwicklungen dieser Art werden meistens von Risiken und Konflikten begleitet, die in Übergangsphasen durchaus zu empfindlichen Beeinträchtigungen führen können.

In der Technisierung von Information und Kommunikation liegt zweifellos eine gewisse Brisanz. Der Computer als zentrales Element bestimmt wesentliche Prozesse des Miteinander und damit letztendlich auch des Denkens.

Vor allem in der Situation zwischen älteren und jungen Menschen wird dieser Prozeß für Reibung sorgen, zumal die Jungen, die heute ins Berufsleben entlassen werden, bereits wesentlich besser auf die zukünftigen Situationen vorbereitet sind.

Weitere Probleme wie Auswirkungen auf Sprachkultur, Datenschutz, Wirtschaftskriminalität oder Berührungsängste der weniger gut Ausgebildeten liegen auf der Hand und sind mit Sicherheit zu erwarten.

28

Turbo-Mikro-Surf-Marketing

Die in den ersten beiden Abschnitten beschriebenen Wirkkräfte aus technologischen Entwicklungen, gesellschaftlichen Veränderungen und Trends bleiben natürlich nicht ohne Folgen für das zukünftige Marketing der Industrie.

Einige Experten haben sich dieser Auswirkungen in den letzten Jahren verstärkt angenommen und für Marketing-Trends der Zukunft die unterschiedlichsten Begriffe geprägt.

Philip Kotler nennt die Entwicklung **Turbo-Marketing** und stellt die Forderung nach dem **Just-in-time**-Vorgehen, um in fließende Marktprozesse besser eintauchen zu können.

Amerikanische Marketing-Experten wie Stan Rapp und Tom Collins prägten den Begriff des **Mikro-Marketings,** der sich mit der Abkehr von starren, fixierten Zielgruppen beschäftigt.

Gerd Gerken spricht von **Interfusion,** also ebenfalls von der fließenden Teilnahme am Markt.

Sicherlich gibt es noch eine Reihe weiterer Begriffe, die aber alle auf das eine hinauslaufen:

Die Abkehr vom bisherigen Massen-Marketing mit fest formulierten Zielgruppen und mehr oder weniger fixierten Strategien. Die Entdeckung des Konsumenten als Individuum im Rahmen einer Lifestyle-Gruppierung, der von einem Trend zum nächsten gleitet und in dessen Szene sich Marketing involvieren muß, steht im Vordergrund.

Das traditionelle Denken der Marketing-Strategen muß demnach eine Erneuerung erfahren.

An dieser Stelle soll nicht alles das zitiert und wiederholt werden, was kompetentere Spezialisten bereits an Basisdenken investiert haben. Es reicht aus, sich auf die Schnittstellen gemeinsamer Ergebnisse zu konzentrieren. Demnach haben wir uns zukünftig mit folgenden Trends zu beschäftigen:

- Der Konsument oder Kunde der 90er Jahre wird sehr viel schwerer einzuschätzen sein, da er wechselhafter und situationsbezogener reagiert. Fest umrissene Zielgruppen werden sich rasch abbauen.

- In den heutigen Massenmärkten bilden sich auf Grund spezieller Bedürfnisse und dafür maßgeschneiderter Problemlösungen Nischen und Segmente, die eine individuellere Ansprache der wesentlich kleineren Zielgruppen ermöglichen.

- Produkte, auch in technisch hochwertigen Bereichen, verlieren mehr und mehr ihre Eigenständigkeit durch das rasante Tempo nachziehender Wettbewerber. Produktbegleitende Dienstleistungen werden zu echten Differenzierungsmöglichkeiten.

- Die Markentreue nimmt ab durch viele vergleichbare Produkte, die auch qualitativ weniger Unterschiede aufweisen, sowie durch das mehr situationsbezogene Handeln des Verbrauchers.

- Die Kombination von Computer und Telekommunikation macht den Verbraucher informierter über werbliche Behauptungen und läßt ihn schneller reagieren.

  Im industriellen Bereich eröffnet diese Kombination neue Möglichkeiten für Warendistribution, der Handel wird seine Warensysteme verfeinern.

- Produktzyklen werden wesentlich kürzer und verlangen im Sinne der Profitabilität eine intensive Ausnutzung dieser verkürzten Zyklen.

- Die Internationalisierung des Marketings wird beeinflußt durch die steigende Zahl multinationaler Unternehmen. Protektionismus und Restriktionen werden dabei jedoch nicht abnehmen.

Stan Rapp und Tom Collins schreiben in ihrem Buch **Die große Marketing-Wende** über die von ihnen getroffenen Prognosen:

Wir halten diese Trends für die Marketing-Megatrends unserer Zeit ...

Marketing braucht neue Impulse

Es ist die besondere Aufgabe des Marketings, neue Trends rechtzeitig zu erkennen und sich darauf einzustellen.

Wer dieser Verpflichtung nachkommt, wird in vielen übereinstimmenden Aussagen und Anzeichen erkennen, daß Marketing zukünftig nicht mehr mit herkömmlichen Parametern auskommen wird. Und er wird sich zumindest mit zwei der prognostizierten Trends auseinandersetzen:

- Die Auflösung der großen Massenmärkte in Richtung kleiner Szenarien und Nischen und die damit verbundenen neuen Bedürfnisse, deren sich die Konsumenten wahrscheinlich noch gar nicht bewußt sind.

- Die Entwicklung von neuen Verhaltensmustern eines Konsumenten, der viele Optionen hat und situativ reagiert.

Ausgehend von diesen grundsätzlichen Veränderungen muß der aufgeschlossene Marketing-Experte sich fragen, wo denn die möglichen Marketing-Parameter zukünftiger Jahre liegen.

Bildet man die Gegenpole **konventionell** und **fortschrittlich,** so könnte man den folgenden Vergleich anstellen:

	Konventionell	Fortschrittlich
Produktmarketing	Vermarktung von Produkten, die den vorhandenen Bedarf von fixierten Zielgruppen abdecken und sich nur durch einzelne Produkt-Benefits von anderen Anbietern unterscheiden.	Vermarktung von Produkten oder Dienstleistungen, die unterschwellig vorhandenen Bedarf wecken, um damit neue und innovative Märkte zu gestalten.
Marketing-Strategien	feste Zielgruppen, entsprechende Positionierung, fixierte Strategien, Manipulation	Umfeld/Szene, emotionale Führung in Teilmärkten, Marktanteilnahme, Arrangement
Wirkung	Produkte treten in vorhandene Segmente ein mit den Konsequenzen: – Me-Too-Charakter, – Preiskämpfe, – Wettbewerb.	Produkte schaffen neue Marktsegmente mit den Konsequenzen: – Eigenständigkeit, – Preishoheit, – Alleinstellung.
Folgewirkung	Steuerung von Bedarf durch den Einsatz aller Ressourcen und Verringerung der Profitabilität.	Gestaltung der Ursachen von Bedarf.
Voraussetzung		Involvierung in Segmente und Szenarien, Mitfließen bei Trendveränderungen.

Die Bemühungen, Szenen zu erkennen und eventuell vorhandene Nischen auszumachen, macht eine tiefgreifende Integration mit den Trends des Marktes und dem Umfeld des Konsumenten notwendig.

Das Szenen- oder Markt-Management ist die logische Konsequenz. Erst ein mit den Szenen verschmolzenes Markt-Management ermöglicht es, neue Bedürfnisse zu erkennen und die sich daraus ergebenden Produkte und Dienstleistungen zu schaffen.

Szenen-Management

Szenen-Management bedarf der rechtzeitigen Erkenntnis von Gruppierungen, Trends und Strömungen im Markt, Erkennung von Lebenseinstellungen und Lifestyle-Elementen dieser Gruppierungen sowie der sich daraus ableitenden Bedürfnisse.

Im Laufe der Jahre haben wir eine Menge solcher Szenarien erlebt und erleben sie auch weiterhin. Im Prinzip lassen sie sich in zwei Gruppen aufteilen:

Langfristige Szenarien	Kurzfristige Trend-Szenen
Beispiele: – Umweltschutz-Szenen – Musik-Szenen in allen Variationen – High-Tech-Welt – Fußball-Szene	Beispiele: – Yuppies – Diät- und Light-Szene – New Wave – „Neue Männer" – Tennis-Welt

Diese Welten und Gruppierungen in ihren Zusammenwirkungen und Auswirkungen richtig einzuschätzen, wird ein wesentlicher Teil des Marketings von morgen werden.

Es wird also vor allem darauf ankommen, die Nähe zu diesen Szenen zu suchen und an Entwicklungen teilzunehmen. Die systematische Teilnahme wird damit die fixierte Strategie zum großen Teil ablösen. Manipulation der Konsumenten wird zunehmend uneffizienter, und im Mittelpunkt wird das Arrangement stehen.

Auf der folgenden Seite wird ein Beispiel entwickelt, das zeigen soll, welche Forderungen, Bedürfnisse und Problemlösungen sich mit einem Szenario verbinden. Als Beispiel dient hier eine Gruppierung, die man als **Neue Elite** bezeichnen könnte und die sich aus erstklassig ausgebildeten, zielstrebigen, aber auch mehr und mehr bestimmten Lebensformen angepaßten Hochschulabgängern zusammensetzt.

Was dieses Beispiel in sehr geraffter und simpler Form zeigt, ist die Fragenkette, die sich mit einer gesellschaftlichen Gruppierung dieser Art verbindet:

> Wo entwickeln sich Szenen?

> Welche Lebenseinstellungen herrschen vor?

> Welche Bedürfnisse sind daraus abzuleiten?

> Welche Produkte, Dienstleistungen oder Kommunikationsbereiche sind damit von Interesse?

Um diese Fragen beantworten zu können, bedarf es natürlich mehr als nur der theoretischen Fokussierung auf Szenarien. Die Szenen- oder Markt-Manager der Zukunft entstammen im Idealfall diesen Gesellschaftsgruppierungen und gestalten sie aktiv mit.

Es muß sich darüber hinaus eine neue Form der Kommunikation ergeben, die diesem Marketing in weitaus höherem Maß gerecht wird.

34

BEISPIEL EINES SZENARIOS

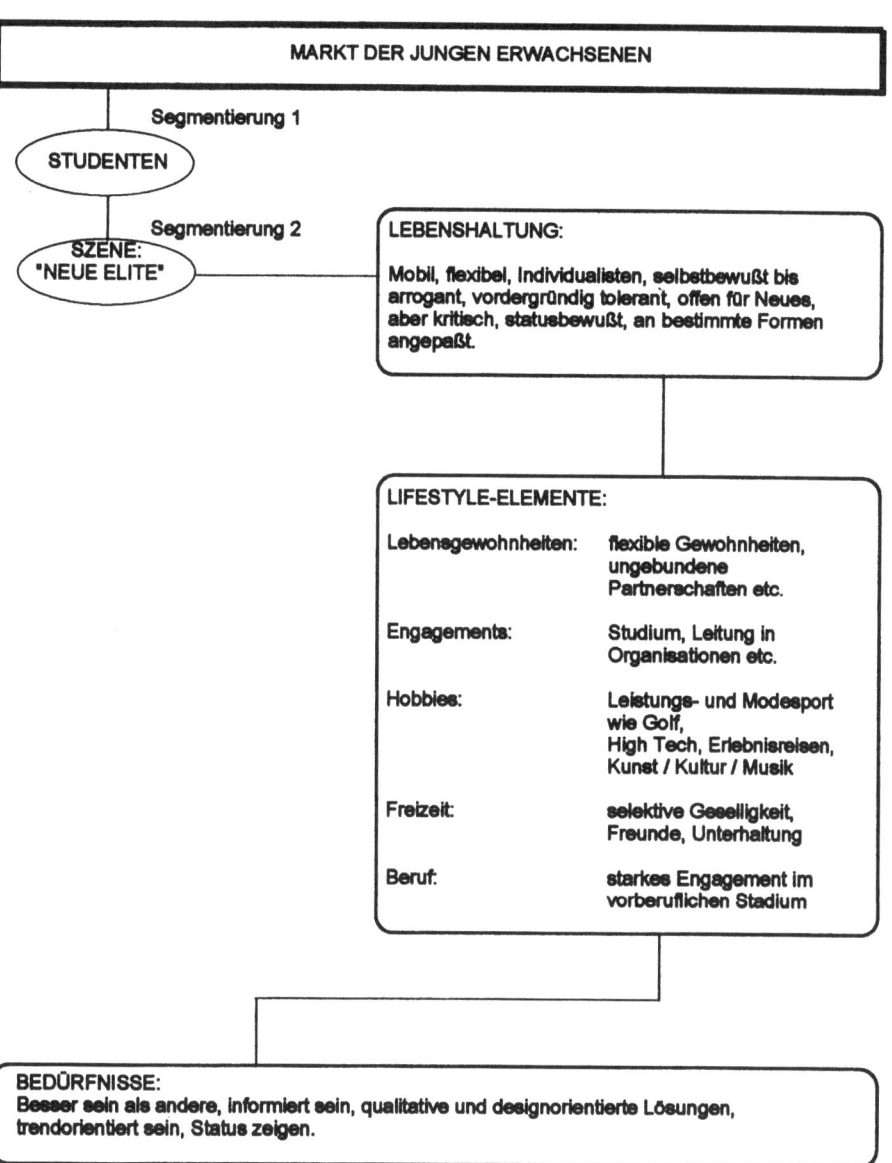

MARKT DER JUNGEN ERWACHSENEN

Segmentierung 1

STUDENTEN

Segmentierung 2

SZENE:
"NEUE ELITE"

LEBENSHALTUNG:

Mobil, flexibel, Individualisten, selbstbewußt bis
arrogant, vordergründig tolerant, offen für Neues,
aber kritisch, statusbewußt, an bestimmte Formen
angepaßt.

LIFESTYLE-ELEMENTE:

Lebensgewohnheiten:	flexible Gewohnheiten, ungebundene Partnerschaften etc.
Engagements:	Studium, Leitung in Organisationen etc.
Hobbies:	Leistungs- und Modesport wie Golf, High Tech, Erlebnisreisen, Kunst / Kultur / Musik
Freizeit:	selektive Geselligkeit, Freunde, Unterhaltung
Beruf:	starkes Engagement im vorberuflichen Stadium

BEDÜRFNISSE:
Besser sein als andere, informiert sein, qualitative und designorientierte Lösungen,
trendorientiert sein, Status zeigen.

MÖGLICHE PROBLEMLÖSUNGEN:
High Tech in Computing und Telekommunikation, Informations-Dienstleistungen,
individuelle Reisen, selektive Sportprodukte, gesellschaftliche "In-Treffpunkte" etc.

Grenzen konventioneller Kommunikation

Die Firma Benetton schockierte 1991/92 zum ersten Mal die Öffentlichkeit mit einer Werbekampagne, die zu erregten Diskussionen führte.

Inhalt der Kampagne waren sehr heikle Bildmotive wie zum Beispiel Sterbe- und Kriegsszenen. Einzelne Verlage lehnten es daraufhin ab, diese Anzeigenmotive zu veröffentlichen.

In einem Interview mit der Zeitung Horizont äußerte sich der italienische Starfotograf Olivero Toscani, der für die Motive verantwortlich zeichnete, wie folgt: *Wir sind einfach daran gewöhnt, in der Werbung die Lüge zu akzeptieren. Und sobald jemand kommt und nicht mehr lügt, wird es zum Skandal erklärt.* Und auf die Frage, was Werber falsch machen, erklärte er: . . . *alles, was die Werbung zeigt, ist falsch, schwammig. Die gleiche Agentur arbeitet für 10 verschiedene, aber auch miteinander konkurrierende Kunden. Und der Kunde kauft Claudia Schiffer, weil sie ein Star ist. Das ist alles Betrug. Die Werbung ist Betrug.*

Es sei dahingestellt, ob Toscanis Aussagen über Werbung überzogen sind oder nicht. Die starke gegenpolige Diskussion über die Benetton-Kampagne zeigt aber, daß auch vielen Werbern nicht wohl in ihrer Haut ist.

Das Dilemma der Konsumentenwerbung wird deutlich, wenn man sie in ihren Auswirkungen näher analysiert.

Eine Wochenendausgabe der Zeitschrift Stern, März 1992, enthielt auf den insgesamt 230 Heftseiten 86 Anzeigen, verteilt auf 110 Seiten, also auf fast 50 % des Inhaltes.

Analysiert man die Motive dieser 86 Anzeigen, so verteilt sich dies wie folgt:

- In 36 Anzeigen ist das Produkt dominierend, ganz nach der Devise **the product is the hero.**
- In 31 Anzeigen tauchen als Hauptmotiv junge, gestylte, lachende Menschen auf.
- Nur 19 der Motive sind in einer anderen Welt angesiedelt.

Typische Headlines dieser Werbewelt:

Das königliche Vergnügen –
König Pilsener   *Bier*

Formen der Gegenwart   *PKW-Werbung*

Die Erbsen der Nation   *Bonduelle*

Welch ein Tag –
mit freundlichem Diebels   *Bier*

Die intelligente Art der
Konversation   *Martell Cognac*

Was mögen die verantwortlichen Werber und Werbungtreibenden über den Kunden denken? Wie sagt Olivero Toscani? *Werbung ist Betrug.* Nun, zumindest ist diese Art der heute verbreiteten Werbung eine Einheitssauce gleichartiger Botschaften, und nur selten ragt aus diesem Einerlei ein eigenständiger Auftritt heraus.

Weitgehende Langeweile auch auf der Mattscheibe. TV-Werbung ist mehr denn je zur Basis werblicher Auftritte geworden, begünstigt durch die steigende Zahl privater Fernsehsender, die auch für schmale Budgets Möglichkeiten bieten. Mit der TV-Werbung, so argumentieren ihre Befürworter, sei nach wie vor die größte Breitenwirkung zu erzielen. Schaut man aber genau hin, so begegnen einem die gleichen lachenden, gestylten und jungen Menschen, die sich auch in der Print-Werbung tummeln, um den unwiderstehlichen Duft von Kosmetik, den himmlischen Geschmack von Genußmitteln oder die überwältigende Wirkung von Waschmitteln zu verkaufen.

Die Werbeverdrossenheit der Zuschauer tapfer ignorierend, lächelt sich die Werbeszene durch die Medien und nimmt kaum Notiz von der Tatsache, daß große Teile der teuren Kampagnen nicht mehr wahrgenommen werden.

Die Werber deuten auf die Werbungtreibenden, bei denen Sicherheit vor Kreativität rangiert, und die Industrie betrauert das Fehlen von Ideen und zündenden Inhalten bei den Werbeagenturen. Der umworbene Verbraucher letztendlich blättert weiter oder betätigt die Fernbedienung seines Fernsehgerätes, um der Berieselung zu entgehen.

Was also ist falsch an dieser Werbelandschaft?

Falsch ist mit Sicherheit das Selbstverständnis der Werbung generell. Einseitige Kommunikation wird zum Problem, wenn die Stabilität von Zielgruppen sinkt und die wirklichen Wünsche des Umworbenen weitestgehend unberücksichtigt bleiben. Allgemeine Konsumforderungen mit einem simplen Aufforderungscharakter sinken gravierend in ihrer Wirkung, die Manipulationsversuche der Industrie über Verbraucherwerbung in ihrer heutigen Form werden zunehmend schwieriger.

Die Veränderungen im Marketing, ausgelöst durch die Trends der kommenden Jahre, verlangen ein Umdenken in zwei Bereichen:

Konkretisierung von Kommunikationszielen

Inhaltliche Erneuerung der Kommunikation

Werber versuchen heute in den überwiegenden Fällen eine Zielgruppengenauigkeit durch die Selektion der Medien, die belegt werden, und erst in zweiter Linie durch die Art der Werbebotschaft selbst. Der Verlust der Ansprache, der hier entsteht, ist gigantisch. So bleibt weitgehend das auf der Strecke, was man als einen **inneren Dialog** bezeichnen könnte. Die anfangs erwähnte Benetton-Werbung mag provokant und auch überzogen sein, sie kommt jedoch diesem inneren Dialog-Aufbau in sehr viel höherem Maße entgegen als junge, gestylte und lachende Menschen.

Vom Monolog zum Dialog

Nachweislich sind Jugendliche diejenigen, die der Verbraucherwerbung am kritischsten gegenüberstehen. Jugendliche konsumieren sehr viel weniger Fernsehzeiten und legen andere Maßstäbe an werbliche Informationen. Diese kritische Haltung wird bereits wesentlich beeinflußt, wenn die werbliche Ansprache den Lifestyle von

Jugendlichen trifft und darüber hinaus auch noch Entertainment-wert hat. Jeder, der den Werbeteil in einem Kino miterlebt, kann diese kollektiven Reaktionen hautnah erleben.

Alles, was gut gedrehte Werbespots im Kino realisieren müssen, ist die Herstellung eines inneren Dialoges. Ein solcher Dialog wird bereits hergestellt, wenn der Umworbene die Botschaft nachvollziehen kann oder wenn sie direkt sein Interesse anspricht. Ein Prozeß zur Dialogentwicklung kann aber auch provokant sein, wie das Beispiel Benetton zeigt. Ein Dialog wird über Langeweile oder Gleichförmigkeit niemals hergestellt werden können.

Dialoge zu entwickeln geht Hand in Hand mit dem Aufbau von Beziehungen. Viele Industriefirmen haben dies längst realisiert und versuchen, Dialogbereitschaft über diverse Maßnahmen zu entwickeln. Produktbegleitender Service gehört hierzu ebenso wie etwa spezielle Dienstleistungen, Informationsprogramme oder Einbeziehung in Partnerschaftsprogramme.

Der oft strapazierte Club-Gedanke — Ikea-Club, Burger-Kinder-Club usw. — kommt diesem Gedanken durchaus entgegen, braucht aber sicherlich eine Erneuerung. Lifestyle-Szenarien und -Cooperationen, die ohne Clubzeitschrift, Clubkarte und Clubmütze auskommen, dafür aber eine individuelle Verbindung aufbauen, sind nach wie vor aktuell.

Damit sind wir im Prinzip bei einer zweiten Dimension des Dialoges: neben den inneren auch die äußeren Möglichkeiten eines konkreten Dialoges aufzubauen. Diese Forderung steht in engem Zusammenhang mit dem oben beschriebenen Marketing an Szenarien oder Nischen. Interaktive Kommunikationsprozesse werden zukünftig mit Sicherheit zum wesentlichen Bestandteil der Werbestrategien. Bereits heute sind mehr und mehr Firmen dabei, ihre eigene, spezifische Database aufzubauen, um Direkt-Kommunikation realisieren zu können.

Die folgende Grafik gibt einen Eindruck der zukünftigen Möglichkeiten, die auch von technologischen Prozessen wesentlich beeinflußt werden.

Dynamische Kommunikationsprozesse der Zukunft

Konventioneller Weg

Klassische Verbraucherwerbung

Trend: Weg von allgemeiner Konsumauf-
forderung an alle, hin zu höherer
Gleichrangigkeit der Teilnehmer am
Kommunikationsprozess

Morgen

Steigende Bedeutung von interaktiven Kommunikationsprozessen

1. Stufe

Szenen- und Lifestyle- Kooperationen	Verstärkung der Direkt Kommunikation	Database
	2. Stufe	
	Interaktive Kommunikation	Vernetzung

3. Stufe

Zukünftig

Elektronische Interaktion

II.
Auf der Suche nach Dialogen

„Wir müssen in Zukunft einen intensiven Dialog mit unseren Kunden führen und daher nach neuen Methoden in der Kommunikation suchen."

Dieses Zitat stammt von Ikuo Shimizu, Marketing-Chef der Honda Motor Europe, und trifft exakt die Bemühungen vieler Markenartikler, ihren Kommunikationsmix veränderten Umständen anzupassen.

Selbst in den großen Massenmärkten wird dieser Dialog gesucht. Phillip Morris setzte bei der Einführung der Marke **Marlboro Medium** in den USA verstärkt Direktmarketing ein. Neben den klassischen Werbemöglichkeiten wurden besonders Raucher von Konkurrenzmarken angeschrieben und zum Testrauchen aufgefordert. Voraussetzung war eine hohe Investition, um hunderttausende Raucher mit Namen, Adresse und Stammarke in einer Database zu erfassen. Nach der Einführungsaktion hatte die **Marlboro Medium** einen Marktanteil von 1,5 %, was im Zigarettenmarkt sehr viel ist.

Die Agentur Lintas startete 1991 zusammen mit der Kamer Response Marketing ein Dialogmarketingmodell mit Namen **Ring-a-Ding.** Über Funkspots und Anzeigen wird dabei jeweils regelmäßig eine TV-Werbesendung angekündigt, in der für alle individuellen Beiträge der Werbungtreibenden eine Telefonnummer angeboten wird, über die sich der Konsument weitergehende Informationen beschaffen kann. Die Bearbeitung der Telefonate erfolgt mittels Voice Processing. Die Angebote der Werbesendungen werden an den folgenden Tagen in Form von Anzeigen wiederholt.

Dialoge werden aber auch über den inhaltlichen Bereich der Kommunikation gesucht. Der Getränkekonzern Pepsi Cola setzte nach vielen ähnlichen Aktivitäten 1992 den Megastar Michael Jackson in den Mittelpunkt aller Aktivitäten und unterstützte gleichzeitig mit diesem Sponsorship eine weltweite Kinderhilfsorganisation.

Die Ausgaben der Industrie für Kultursponsoring erreichen in Deutschland 1992 die 400-Millionen-Grenze. Nach dem Thema Sport scheint nun Kunst und Kultur zum bevorzugten Sponsorgebiet zu werden. Der nächste Themenkreis — nämlich Öko-Sponsoring — wartet bereits.

Das Bekleidungsunternehmen C & A, schon immer unter Low-Image bei Jugendlichen leidend, kooperiert mit dem TV-Sender MTV und präsentiert zweimal wöchentlich die **Young Collection Show,** die sich insbesondere an modisch bewußte Jugendliche wendet. Ausschlaggebend war, daß gerade in diesem Szenarium moderne Trendmusik einen breiten Raum einnimmt. Das Programm wird mit Anzeigenwerbung unterstützt.

Coupon-Werbung, in den USA seit Jahrzehnten gang und gäbe und durch lockere Gesetzgebung in vielen Variationen möglich, wird zunehmend auch in Deutschland eingesetzt. Coupons sollen den Dialog erleichtern und letztendlich dem Database-Marketing zugute kommen.

Auf der Suche nach dem Dialog mit dem Kunden sind die unterschiedlichsten Trends erkennbar:

- Direkt-Marketing, lange Zeit nur einem bestimmten Kreis von Werbungtreibenden vorbehalten, wird zunehmend auch für Massenmärkte eingesetzt. Die eigene Database ergänzt den Medien-Mix.

- Sponsorship erhält einen neuen Stellenwert. Gezielte Sponsormaßnahmen führen mehr und mehr kein Eigenleben mehr, sondern sollen das Image eines leistungsfähigen, modernen und verantwortlichen Unternehmens vermitteln.

- Event-Marketing im herkömmlichen Sinn wird zur Ergänzung der **Below-the-Line**-Aktivitäten genutzt und vermittelt in zunehmendem Maß eine Art Erlebnis-Kommunikation.

- Tele-Marketing gehört bereits zum festen Bestandteil des Maßnahmenpaketes vieler Industriefirmen.

- Response-Aktionen mit kreativem Inhalt verdrängen nach und nach das gute alte Verbraucherpreisausschreiben.

All diese Einzelgebiete werden vom Fachmann den **Below-the-Line**-Aktivitäten zugeordnet, also simpel gesagt der anderen Seite klassischer Werbemaßnahmen. Diese Bezeichnung wird jedoch den betroffenen Aktivitätsbereichen nicht mehr gerecht werden.

Der Dialog mit dem Kunden ist der erste Schritt in eine Kommunikations-Zukunft, die neue Definitionen verlangen wird. Heute befinden wir uns in einer Übergangsphase, und viele Einzelkomponenten der Kommunikation verwischen sich in ihrer Bedeutung. Wir müssen uns aber auf begriffsüberschreitende Inhalte vorbereiten und diese Inhalte den veränderten Gegebenheiten der Marketinglandschaft anpassen.

Einen Dialog herzustellen bedeutet aber neben den medientechnischen Konsequenzen vor allem die Förderung der Dialogbereitschaft. Dies wird besonders dann wichtig, wenn Marketing sich an Szenarien und Kernzielgruppen wendet. Das, was weiter vorne mit einem **inneren Dialog** umschrieben wurde, erfordert auch ein Umdenken bei den Kommunikationsinhalten.

Die Rolle des Erlebnis-Marketings

Haben Sie jemals aus der notwendigen Distanz heraus versucht, Ihr eigener Kunde zu sein, um dabei herauszufinden, wie Sie die Welt Ihres Produktes oder Ihrer Dienstleistungen **erleben?**

Eine der wesentlichsten Voraussetzungen für erfolgreiche Kommunikation — nämlich die Herstellung eines Dialoges — trägt letztendlich entscheidend dazu bei, diese Welt aufzubauen. Man könnte sie auch dem Markenimage gleichsetzen, doch der Begriff **Produktwelt** scheint treffender zu sein. Ein Produkt, welches seine ureigenste Welt nicht aufzubauen imstande ist, wird sich immer schwerer im Markt behaupten können als Produkte, die sich erleben lassen.

Spätestens an diesem Punkt schleicht sich der Begriff **Erlebnis-Marketing** ein. Eines der krassesten Konzepte dieser Art wurde 1992 von der Disney Corporation anläßlich der Eröffnung des Euro-Disney-Parks in der Nähe von Paris praktiziert. Zugegeben, wenn die Welt des Walt Disney keine Erlebniswelt wäre, dann wären die verantwortlichen Macher erbärmliche Stümper.

Andererseits verkaufen auch die Disney-Leute ein Produkt und ein aufwendiges dazu. Auf 20 Quadratkilometern wurden in Frankreich rund 7 Milliarden DM investiert.

Hinzu kommen enorme Betriebskosten, so zum Beispiel für nahezu 12000 Arbeitsplätze. Um diese gewaltigen Kosten abdecken zu können, sind pro Jahr ca. 11 Millionen Besucher notwendig. Das sind die Zahlen eines Industriekonzerns.

Das Produkt Euro-Disney muß europaweit verkauft werden, denn ein Vergnügungspark dieses Ausmaßes kann nicht von einem begrenzten Einzugsgebiet leben. Und es muß eine Philosophie vermittelt werden, die durch und durch amerikanische Züge trägt und nicht überall in Europa ankommt.

Wir haben ein Produkt, auf das wir stolz sind, wofür wir viel arbeiten und in das wir sehr viel Geld und Zeit investiert haben, faßte Milly Dell, die Marketing-Chefin von Euro-Disney zusammen.

Und so zogen die Disney-Manager alle Register des Erlebnis-Marketings. Eine Promotiontour durch fünf europäische Länder, Informationstelefone für Interessenten, eine europäische Werbekampagne und umfangreiche PR-Aktionen, die natürlich auf fruchtbaren Boden fielen, kein Wunder bei dem populären Thema.

Zur Eröffnung von Euro-Disney wurde eine TV-Life-Show in mehrere Länder übertragen. Zahlreiche ausführliche Sonderberichte in allen Medien puschten das Thema in eine gigantische Dimension.

Einbindung in eine Szene-Kooperation. Esso nutzt die Disney-Welt.

Was sich entwickelte, war eine Szenen-Kooperation von ungeheurem Ausmaß. In Deutschland waren der größte private TV-Sender sowie mehrere große Freizeitmagazine beteiligt.

12 Sponsoren, unter ihnen Unternehmen wie Coca Cola, Esso, Nestle, Kodak oder Philips, nutzten das Thema wiederum in ihren eigenen Kommunikationsmaßnahmen. Über speziell eingerichtete Informationstelefone meldeten sich innerhalb von 3 Monaten rund 3 Millionen Anrufer, um weitere Informationen zu erhalten. Involvierte Reiseveranstalter nahmen das Thema wiederum in ihre Werbung auf. Große Handelsketten führten Disney-Promotions durch.

Letztendlich investierte Euro-Disney in Deutschland 4,5 Millionen DM, was angesichts der gigantischen Medienpräsens lächerlich wenig war.

Sicher ist dies keiner der üblichen Praxisfälle, denn Produkt und Umfeld sind ein einziges Erlebnis. Andererseits zeigt das Beispiel Euro-Disney geradezu klassisch, wie Erlebnis-Marketing eine Welt für sich etabliert.

Die Komponenten modernen Erlebnis-Marketings lassen sich auf drei Bereiche konzentrieren:

1. Dialog	Der innere Dialog, das heißt die Identifikation mit der Werbebotschaft, ist hier ebenso gemeint wie die dialogfähige Kommunikation.
2. Service	Der produktbegleitende Service wird zunehmend größere Bedeutung erhalten. Dies fängt bei einer verständlichen Gebrauchsanweisung an und hört bei umfangreichen Serviceprogrammen auf, die dem Kunden echte Hilfe bieten.
3. Entertainment	Der Aufbau einer Produktwelt ist in hohem Maß abhängig von der Kreativität und dem Unterhaltungswert, die diese Welt begleiten.

Die Gewichtung dieser drei Komponenten kann dem Produkt entsprechend sehr unterschiedlich sein. Am Beispiel Euro-Disney würde sich das folgende Bild ergeben:

Ein anderes Beispiel für Dialog-Marketing bietet der Autokonzern BMW seinen Kunden. Gemeint ist hier nicht der technische Service, sondern ein Paket von Maßnahmen, das sich die Kundenpflege zum Ziel setzt.

Unter dem Slogan **Einladung zur automobilen Partnerschaft** schreibt BMW an seine Kunden:

So ist auch das Verhältnis, das BMW zu den Fahrern seiner Automobile pflegt, von seiner besonderen Qualität gekennzeichnet. Für uns ist die Übergabe eines BMW kein Schlußpunkt, sondern der Anfang einer Beziehung, die im Austausch von Meinungen, Erfahrungen und Informationen beiden Partnern Vorteile bringen soll.

Dokumentation dieser Aussage ist der BMW-Fahrerpaß, der individuell ausgestellt wird und ein umfangreiches Spektrum an Leistungen sichert. So kommt der Paßinhaber in den Genuß von:

– bevorzugter Behandlung in vielen Hotels,
– bevorzugter Behandlung auf Messen und Ausstellungen,
– BMW-Kunden- und -Informationstelefon,
– BMW-M-Style-Collection (sportliche Accessoires),
– BMW-Fahrertraining,
– BMW-Buchedition,
– mobilem Straßenservice.

Ein Service- und Informationspaket rund um das Produkt ergänzt hier das über die klassische Kommunikation aufgebaute Markenbild und verfolgt das Ziel, Kunden an das Unternehmen zu binden.

Im Gegensatz zu Euro-Disney ist die Gewichtung der drei Komponenten des Erlebnis-Marketings hier anders zu sehen:

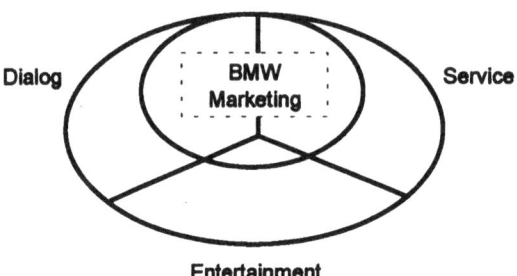

Die Rolle des Erlebnis-Marketings, entweder als übergreifendes Kommunikationskonzept oder als begleitendes Teilkonzept, wird in zunehmendem Maße wichtiger.

Die Industrie hat dies erkannt, und erste Ansätze eines dialogorientierten Erlebnis-Marketings sind erkennbar. In den überwiegenden Fällen sind dies aber nur sehr begrenzte Teilkonzepte, die damit der Gefahr unterliegen, nicht zu wirken.

Insbesondere Erlebnis-Marketing in Szenen und kleineren Zielgruppen braucht eine neue Plattform, ein übergreifendes Konzept, das der Konsument erkennen und mit dessen Inhalt er sich identifizieren kann.

Event-Marketing heute

Wie bei allen Begriffen, die sich neu etablieren, ist die Definition Event-Marketing den unterschiedlichsten Interpretationen ausgesetzt. Werbungtreibende Unternehmen verstehen darunter mehr den Bereich der Special Events, die in bestimmten Teilbereichen die Kommunikationsarbeit unterstützen sollen. Agenturen rechnen in nicht wenigen Fällen Event-Marketing schlichtweg der Promotionschiene zu. Für sie ist ein „Event" bereits der Einsatz eines Promotionteams am Point of Sales.

Insofern ist es schwierig, eine genaue Definition zu geben. Hilfestellung gibt allenfalls eine Betrachtung der Aktivitäten, für die der Begriff Event-Marketing heute benutzt wird.

Sponsoring

Sponsoring + Public Relations + Veranstaltungen = erfolgreiche Kommunikation.

So klingt es in der Selbstdarstellung einer Agentur für Sponsoring. In der Tat ist dies heute das meistgenutzte Konzept, wenn es um Event-Marketing geht. Wenn es gut gemacht ist, ist es die direkte Verzahnung aus klassischer Kommunikation mit dem imagebildenden Instrument Sponsoring. Ist das Konzept nicht so gut, bleibt Sponsoring eine isolierte Maßnahme, die letztendlich nur dem Gesponserten zugute kommt.

Special Events

Unter diesem Begriff sind vor allem Veranstaltungen zu sehen, die im weitesten Umfeld des Kommunikationskonzeptes wirken sollen. Messen, Tagungen und Ausstellungen gehören dazu ebenso wie Händlerveranstaltungen, Außendiensttagungen oder Verbraucherveranstaltungen.

Diese Events erfüllen alle einen sinnvollen Zweck, sind aber mit dem Zusatz „Marketing" hoffnungslos überfordert.

Produktpräsentationen

Hier sind vor allem aufwendige Präsentationen neuer Produkte vor bestimmten Zielgruppen gemeint.

Bestes Beispiel ist die Automobilindustrie, die in spektakulären Veranstaltungen ihre neuen Modelle dem Handel vorstellt.

Das gleiche trifft für die Investitionsgüterindustrie zu, die mit begrenzten Zielgruppen arbeitet und Produktneuheiten entsprechend aufmerksamkeitsstark präsentieren muß.

Events im Promotionbereich

Schickt ein Markenartikler ein Promotionteam auf die Straße, um eine Outdoor-Promotion durchzuführen, so sprechen die Verantwortlichen ebenfalls sehr oft von Event-Marketing.

In der strengen Übersetzung aus dem Englischen bedeutet „Event" das Ereignis. Setzt man diesen Begriff auf die derzeitige Praxis um, so kann man bestenfalls vom besonderen Marketing-Ereignis sprechen, keinesfalls aber von Ereignis-Marketing.

Dies wird besonders deutlich bei der Betrachtung der Gewichtung der Marketingmaßnahmen, so wie sie noch bis vor kurzer Zeit typisch für eine klassische Kommunikationsstrategie war.

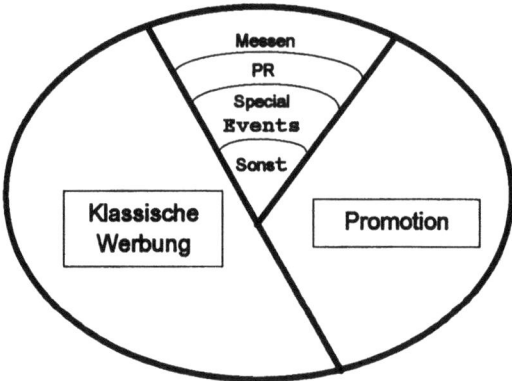

Versuch einer Neudefinition

Die technologische und gesellschaftliche Wende unserer Zeit beinhaltet den Trend in Richtung individualisiertes Marketing.

Im Rahmen dieser Entwicklung werden clevere Werbungtreibende ihre Strategien neu überdenken. Hierzu zählt auch die Neupositionierung des Begriffs **Event-Marketing.**

Sicherlich ist dieses Thema unter dem Stichwort **Event-Marketing** nichts grundsätzlich Neues. Event-Marketing in Richtung Händler, Außendienstorganisationen, Großabnehmer, Meinungsbildner oder

50

Führungskräfte wird vielfach praktiziert. Im Rahmen eines Kommunikations-Mixes bleibt Event-Marketing aber in den meisten Fällen
ein Sonderthema, das bei den Unternehmen zu der folgenden Gewichtung führt:

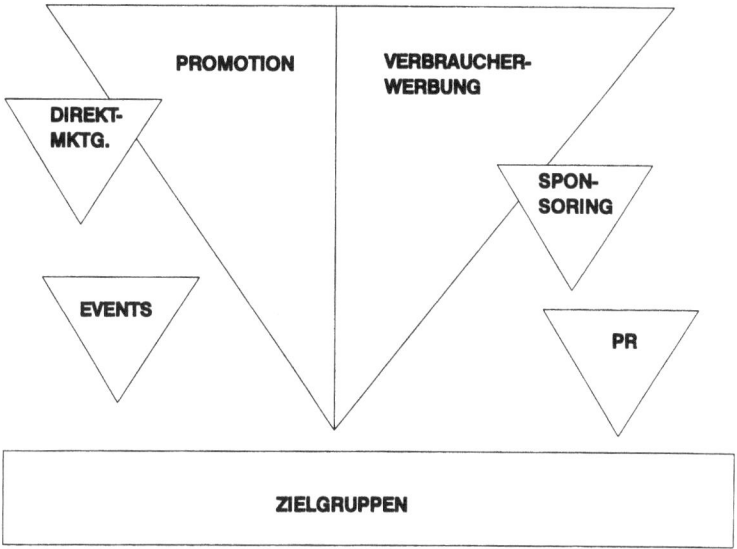

Die Zersplittung der einzelnen Maßnahmen wirkt sich nicht nur in
den Kommunikationsbudgets der meisten Unternehmen negativ
aus. Public Relations zum Beispiel, mit Event-Marketing unauflös-
lich verbunden, spielt in etlichen Unternehmen eine solche Sonder-
rolle, daß eine Verbindung zur Kommunikationsstrategie des Unternehmens nur noch mit größter Mühe nachvollzogen werden kann.

Sponsoring als Basis eines Event-Marketing-Konzeptes bleibt oftmals als eigenständige Maßnahme neben der Gesamtkommunika-
tion im luftleeren Raum hängen.

Der Begriff Event-Marketing wird von einer Reihe von Mißverständ-
nissen begleitet und bezieht sich in vielen Fällen auf Einzelmaßnah-
men, die relativ losgelöst vom Gesamtkonzept ein undankbares,
weil uneffizientes Dasein führen.

Dort, wo Event-Marketing als solches zu erkennen ist, bleibt die Frage nach dem sinnvollen Einsatz. In überwiegenden Fällen ist es ein Kurzzeitprogramm, das in kürzester Zeit bestimmte Probleme nachhaltig lösen soll. Damit sind die Grenzen zur Promotionarbeit eines Unternehmens überschritten.

Event-Marketing bedarf unter dem Gesichtspunkt der in Kapitel 1 aufgezeigten Veränderung einer neuen Definition, um den Einsatzmöglichkeiten gerecht zu werden.

Integriertes Event-Marketing

In Zeitströmungen mitzufließen, Szenarien aufzubauen, das bedeutet, alle Ressourcen des Marketing-Mixes konzentriert auf diese Szenarien hin auszurichten.

Dabei kann sicherlich nicht auf die tragenden Elemente der Kommunikation, nämlich klassische Verbraucherwerbung und Verkaufsförderung, verzichtet werden. Sie müssen jedoch erweitert werden, wenn man die Individuen eines Szenarios erreichen will. Diese Erweiterung kann kein Eigenleben führen, sondern muß Bestandteil der Gesamtstrategie sein.

Unter diesen Gesichtspunkten ist der Begriff „Event" weitaus umfassender zu sehen als nur in Bezug auf ein besonderes Ereignis. Treffender ist die Definition **Erlebnis**-Marketing. Das Erlebnis rekrutiert aus der Szene, die anzupeilen oder gar aufzubauen ist, und umfaßt alle Maßnahmen, die notwendig sind, um dieses Erlebnis zu vermitteln.

Mit anderen Worten: Event-Marketing wird zum integrierten Bestandteil der Kommunikationsstrategie.

Integriertes Event-Marketing umfaßt alle Bestandteile moderner Kommunikation, die dazu beitragen, ein szenario-bezogenes Erlebnis aufzubauen oder zu vermitteln.

Hierzu zählen insbesondere:

- szenentypische Aktivitäten,
- Sponsorship,
- Public Relations,
- Direkt Marketing,
- Special Events.

Dabei kann nur die Kombination untereinander sowie die logische Vernetzung zu Werbung und Promotion letztendlich zum positiven Ergebnis führen.

Bevor diese Definition weiter ausgebaut werden soll, wird versucht, anhand eines praktizierten Konzeptes den Inhalt zu verdeutlichen.

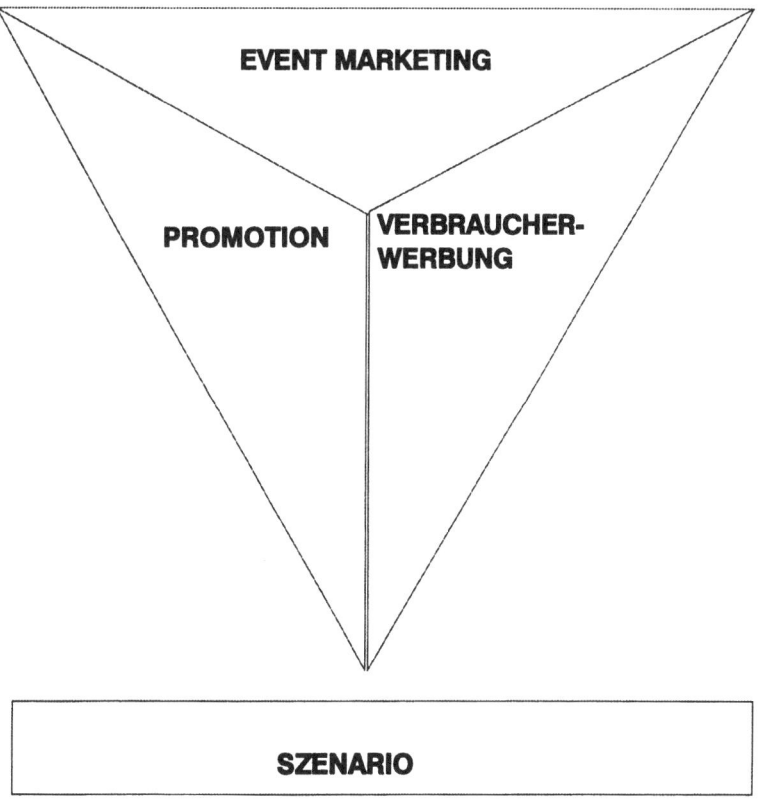

Die Sony-Story

Die Sony Deutschland GmbH, Hersteller technisch anspruchsvoller Unterhaltungselektronik, vertreibt im Konsumgüter-Bereich auch ein Sortiment an Audio- und Video-Cassetten. In diesem schwierigen Markt, der von einem ausgeprägten Wettbewerb und harten Preiskämpfen gekennzeichnet ist, wollte Sony 1991 die Marktbedeutung des Leaderproduktes, der UX-S-Audio-Cassette, drastisch steigern.

Da Sony erst 1985 richtig in diesen Markt einstieg, und zwar zu einem Zeitpunkt, da bedeutende Wettbewerber ihre Marktposition bereits gefestigt hatten, war es für das Unternehmen sehr schwierig, sich zu behaupten.

Der Verbraucher hatte die Wahl zwischen einer ganzen Reihe von ähnlich guten Markenprodukten, und auf Grund eines gesättigten Marktes hatte bereits ein relativ harter Verdrängungswettbewerb eingesetzt.

Andererseits betrug der Marktanteil für Sonys Audio-Cassetten bereits 13 % (Marktführer: 23 %), und die Größe des Marktes mit immerhin rund 600 Millionen DM war interessant genug, die Produktgruppe weiter auszubauen.

Der einfachste, aber auch gefährlichste Weg der Ausweitung wäre die Ausnutzung der Preiselastizität gewesen. Für ein Unternehmen, das es gewohnt ist, hochinnovative Produkte im Hochpreis-Segment zu etablieren, verbot sich dieser Weg von selbst, denn er hätte mit Sicherheit verheerende Auswirkungen gehabt.

Bei einer Audio-Cassette handelt es sich zwar weder um ein innovatives Produkt, noch hat sie eine hohe Eigenständigkeit, aber Sony wollte dem hohen Image des Markennamens gerecht werden.

Man einigte sich schließlich auf ein Konzept, das im Bereich der Kommunikation arbeiten und das alle wichtigen Bestandteile des Kommunikations-Mixes aktivieren sollte. Darüber hinaus sollte es Basis für ein längerfristiges Konzept sein.

Eine reine Werbekampagne schien dem Unternehmen auf Grund des bunten Wettbewerberumfeldes zu wenig zu sein, und so wurde eine Fülle von möglichen Einzelkomponenten zu einer Strategie vereinigt, die folgende Punkte umfaßte:

54

Marketing-Mix	Hintergrund
Gesamtziel	Breite Penetrierung des Namens UX-S mit gleichzeitiger Konzentration auf ein Umfeld, das der Leistung einer Audio-Cassette in klassischem Maße entspricht.
Sponsoring	Es sollte keine der üblichen Sponsor-Aktionen sein, sondern die Nutzung eines Sponsor-Themas, das dem anzupeilenden Umfeld entsprach.
Special Events	Die Gesamtkampagne sollte auf ein abschließendes Event ausgerichtet sein, um den Grad des Interesses zu erhöhen und den Unterhaltungswert zu sichern.
Public Relations	Dem Kampagnenziel entsprechend sollte eine breite Berichterstattung in den Medien das Thema an die Zielgruppen tragen.
Klassische Werbung	Sie sollte begleitend wirken und das Thema modifiziert aufnehmen.
Promotion	Die Kampagne sollte am Point of Sales arbeiten.
Handelsmarketing	Der Promotion-Auftritt sollte in modifizierter Form für Großkunden eingesetzt werden können. Der Handel insgesamt sollte involviert werden.
Direkt-Marketing	Die Kampagne sollte Start sein für ein gezieltes, nachfolgendes Direkt-Marketing an das anzupeilende Umfeld.
Sonstiges	Das Konzept sollte eventuell auch international eingesetzt werden können. Es sollte außerdem bei erfolgreicher Durchführung langfristig ausgebaut werden können.

Der Sony UX-S Talent Award

Die Szene, für die man sich entschied, lag auf der Hand und verband sich im idealen Maß mit dem Leistungsbild einer Audio-Cassette: Es war Musik, und hier ganz speziell das Gebiet der Rock- und Pop-Musik. Moderne Trendmusik entspricht auch den Altersgruppen, welche Musik überspielen und dafür Cassetten benötigen.

Der Event im weitesten Sinn war ein Nachwuchs-Wettbewerb für Amateurbands. Im Grunde nichts Neues, so möchte man denken und erinnert sich der stattlichen Zahl ähnlicher Wettbewerbe.

Ein entscheidender Punkt aber war neu. Während vergleichbare Aktionen anderer Firmen immer eine Art unauffälliges Nebendasein spielten, weil sie eigentlich nur den Insidern bekannt waren, spielte Sony zum ersten Mal auf der gesamten Klaviatur der Kommunikation.

Neu war sicherlich auch, verschiedene Elemente des Event-Marketings miteinander zu verbinden, wie z.B. Sponsoring mit Musikwettbewerb.

Neu war letztlich das Sponsoring selbst, da es nicht vergleichbar war mit ähnlichen Aktionen, sondern auf konkreten Vereinbarungen beruhte, die Leistungen und Gegenleistungen klar regelten.

Die Übersicht auf den folgenden Seiten zeigt die einzelnen Komponenten der Kampagne unter dem Gesichtspunkt der auf Seite 55 dargestellten Ziele.

Das taktische Ziel war, alle diese Einzelkomponenten so miteinander zu vernetzen, daß am Ende ein umfassendes Event-Marketing-Konzept stand.

Großplazierung des UX-S Talent Award im Handel.

Talent Award on Tour: UX-S Live Mobil.

„In Concert": Die Siegerband in der Kölner Sporthalle.

Aktiv einbezogen: Die Rockgruppe TOTO während der
Abschluß-Pressekonferenz.

Marketing-Mix	Aktion
Wettbewerb	Nachwuchs- und Amateurbands wurden zu einem Wettbewerb aufgerufen, an dessen Ende ein Plattenvertrag, ein Geldpreis sowie Live-Auftritte in der Kölner Sporthalle standen.
Kooperationen	Die Kampagne wurde in Kooperation mit einer Fachzeitschrift, einer Jugendzeitschrift, einem privaten TV-Sender und einer Plattenfirma durchgeführt.
Sponsoring	Als Schirmherr des Wettbewerbs wurde die amerikanische Gruppe TOTO gewonnen (weltbekannte Titel: Africa, Rosanna . . .). Die Gruppe übernahm folgende Funktionen: – Einbeziehung in Pressekonferenzen, – Mitgliedschaft in der Jury, – werbliche Einbeziehung, – Sonderkonzert in der Kölner Sporthalle. Ziel und Ergebnis war eine ausgewogene Balance zwischen Leistungen und Sponsorbeitrag. Die Kampagne wurde mit zwei Events abgeschlossen: ● Großkonzert in der Kölner Sporthalle mit den Siegern und TOTO, ● Live-Wettbewerbe für Jugendliche in rund 50 Großdiscotheken.
Public Relation	Je eine Pressekonferenz zum Start und zum Abschluß der Aktion sowie eine kontinuierliche Pressearbeit während des Wettbewerbs sorgten für eine zuvor nicht erwartete Berichterstattung in fast allen wichtigen Spezial- und Tagesmedien, einschließlich TV und Rundfunk.

Marketing-Mix	Aktion
	Sonys innovatives Know-how wurde zudem unterstrichen durch die Einbeziehung TOTOs über Satelliten-Videokonferenz anläßlich der Start-Pressekonferenz.
Mediawerbung	Die begleitende Kampagne bestand aus Print-, Rundfunk- und Kinowerbung und setzte das Thema in einer für die normalen Konsumenten nachvollziehbaren Form um.
Verbraucher-Promotion	Eine umfangreiche P.O.S.-Plazierung sowie ein On-Pack-Preisausschreiben sorgten für Aufmerksamkeit im Handel.
Handelsmarketing	Für Großkunden wurden spezielle Modifikationen der Promotion entwickelt und exklusiv eingesetzt. Mit einigen Großkunden wurde das Thema in exklusive Rundfunkspots umgesetzt. Top-Händler wurden zu einer Händler-Veranstaltung sowie zum Abschlußkonzert eingeladen.
Outdoor-Promotion	Ein Promotion-Bus, das sogenannte UX-S-Live-Mobil, brachte die Aktion auf Großveranstaltungen wie z. B. Rockkonzerte.
Direkt-Marketing	Ein speziell eingerichtetes Aktionsbüro übernahm per Aktionstelefon die Kommunikation mit allen, die mehr wissen wollten. Band-Wettbewerb und On-Pack-Promotion brachten eine Fülle von Adressen, die als Szene-Adressen für Folgeaktivitäten verarbeitet wurden.

Marketing-Mix	Aktion
Ergebnisse	Die Kampagne brachte quantifizierbare Ergebnisse. Marktanteile Verbesserung um: • 4 %-Punkte im Aktionszeitraum, • 3 %-Punkte nach Jahresabschluß, • 9 %-Punkte im Teilsegment der Sony-UX-S-Cassette. Umsatzsteigerung: In den 6 Aktionsmonaten wurden rund 80 % mehr UX-S-Tapes verkauft als im Vorjahr.
Feedback	1500 Amateurbands nahmen am Wettbewerb teil. Das Preisausschreiben brachte rund 15 % Response.
PR-Resonanz	Berichtet wurde in Tageszeitungen, Fachzeitschriften und Illustrierten mit einer Gesamtauflage von 30 Millionen. Fast alle privaten Rundfunksender nahmen sich teils ausführlichst des Themas an, ebenso mehrere TV-Sender.
Ergebnis	Insgesamt sorgte die Kampagne dafür, daß die Sony-UX-S-Cassette in der Zielgruppe bzw. dem Szenario Rock- und Pop-Musik einen neuen Stellenwert bekam. Der Name UX-S wurde durch die untrennbare Einbeziehung in den Namen der Kampagne breit penetriert.

Die folgende Übersicht gibt einen Eindruck der Maßnahmen-Vernetzung über den gesamten Zeitraum der Kampagne.

SONY UX-S TALENT AWARD

Monat	Events und Sponsoring	PR	Mediawerbung	Promotion	Direkt Marketing
1	Start Pressekonferenz	Berichterstattung über den Wettbewerb	Print-Werbung	P.O.S.-Plazierungs-Aktion incl. Preisausschreiben	Telefon-Service
2			Rundfunk-Werbung	UX-S Live-Mobil auf Großveranstaltungen	
3		Berichterstattung über Monatsergebnis	Kino-Werbung		
4					
5	Messe-Präsentation	Berichterstattung über Ergebnisse und Konzert			Erfassung von Adressen für Folgeaktionen
6	- Händler-Veranstaltung - Pressekonferenz - Konzert			Disco-Promotion	

Sieger gesucht: SONYs Anzeigenkampagne.

Das Gesamtbudget des UX-S Talent Award liegt zwar im Rahmen des siebenstelligen Bereichs, ist aber bei weitem nicht so hoch, wie der Umfang aller Aktivitäten vermuten läßt.

Warum dies so ist, wird deutlich bei der Betrachtung der Kostenanteile je Maßnahmenbereich:

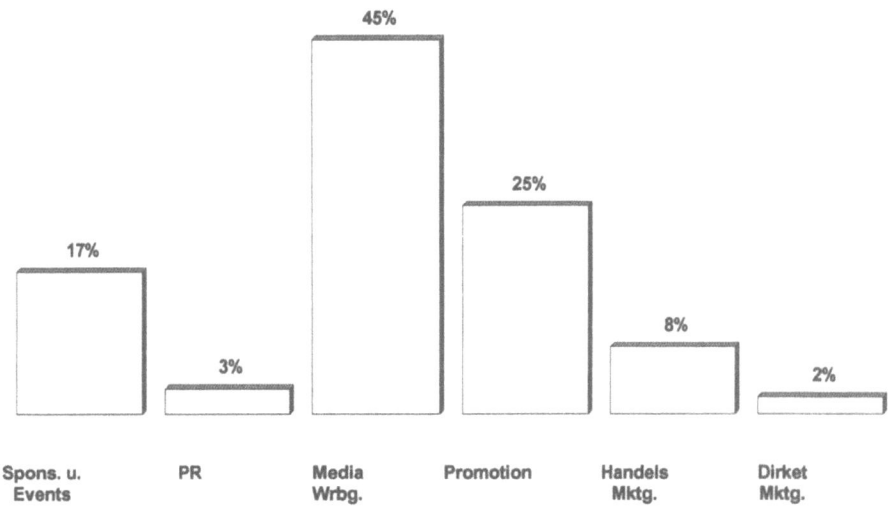

Die Positionen Sponsoring und Events sowie PR beanspruchen in diesem Budget zusammen 20 %, bilden aber andererseits die Basis für die gesamte Kampagne und tragen in erheblichem Maß zum Gesamterfolg bei. Hätte die Kontaktzahl, die durch PR erreicht wurde, basierend auf dem Event-Konzept, über Mediawerbung bezahlt werden müssen, so hätte das Gesamtbudget der Kampagne eine völlig andere Dimension angenommen.

Exakt hier liegt eine der Stärken des integrierten Event-Marketing-Konzeptes: die Maximierung des werblichen Effekts durch geringen Kosteneinsatz in scheinbaren Randgebieten, die jedoch unversehens die ganze Kampagne beeinflussen und überproportional zum Erfolg bringen.

Stellt man den Effekt an unserem Kommunikations-Dreieck dar, so ergibt sich folgendes Bild:

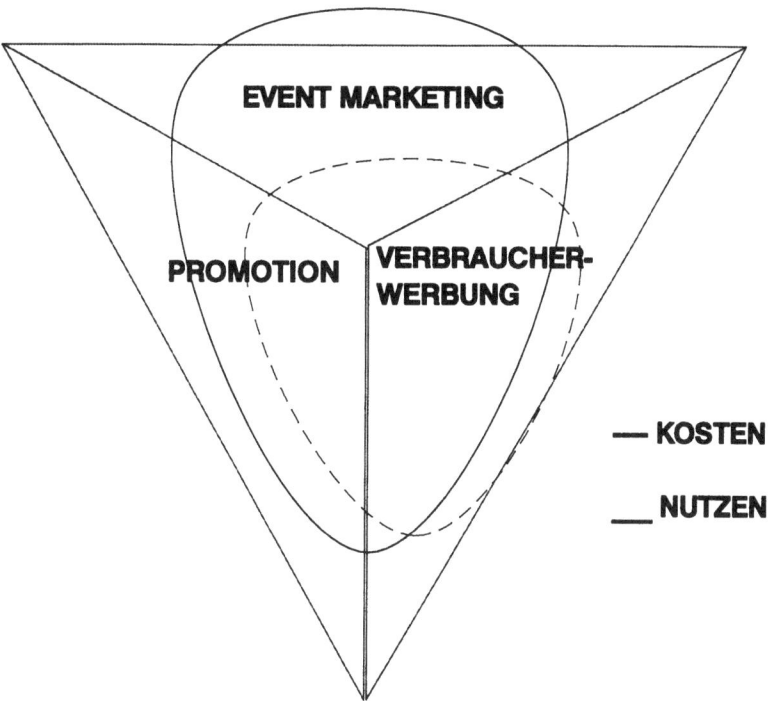

Der Kostenanteil der klassischen Maßnahmen übertrifft die Auswirkungen derselben deutlich. Trotzdem ist natürlich erst die Verbindung aller Bereiche in diesem Fall der wahre Erfolgsgrund.

Die Aktion des UX-S Talent Award von Sony zeigt beispielhaft, welche umfassenden Möglichkeiten integriertes Event-Marketing bietet und daß der Begriff **Event** sich auf mehr Inhalte aufbauen läßt, als er bisher vermuten ließ.

Eine solche Kampagne ist auch dann noch nicht abgeschlossen, wenn sie **vorbei** ist. Sie bietet dem Szenario, in diesem Fall jugendlichen Musikfreaks, alle Möglichkeiten, um auch zukünftig mit Sony über das Thema Musik zu kommunizieren.

So war denn der UX-S Talent Award 1991 im übrigen auch der Startschuß zur Institutionalisierung des Wettbewerbs.

IEM als Ganzheitskonzept

Event-Marketing, heute noch eher punktuell eingesetzt, wird in den nächsten Jahren mit Sicherheit einen völlig anderen Stellenwert bekommen. Die Gründe für diese zu erwartende Entwicklung liegen auf der Hand:

Marketing an Szenarien. Wie im ersten Kapitel beschrieben, haben wir uns mit einer Umstrukturierung der Zielgruppen zu beschäftigen. Aus Massenmärkten werden Szenen, aus fest fixierten Zielgruppen werden Konsumenten, die viele Optionen haben und sehr viel situationsbezogener reagieren werden.

Neue Erlebnisebenen. Jedes dieser sich entwickelnden Szenarien wird seine ureigene Erlebnisebene bekommen. Es gilt, den größten gemeinsamen Nenner dieser Erlebnisebenen zu treffen.

Dialogbereitschaft. Wenn das gelingt, gibt es die größtmögliche Chance auf eine innere Dialogbereitschaft mit den Konsumenten. Dies wiederum ist die Voraussetzung dafür, einen realen Dialog zu beginnen.

Grenzen der Massenwerbung. Die sich immer wieder neu entwickelnden Erlebnisebenen zu treffen, wird für die breite Massenwerbung, die sich mehr oder weniger an alle wendet, sehr schwierig. Ein Dialog kann sich nur entwickeln, wenn das Fühlen und Empfinden der anzupeilenden Szenen getroffen wird. Damit ist die Mediawerbung allein in ihrer heutigen Form eindeutig überfordert.

Neue Kommunikationsformen. Es müssen sich zwangsläufig neue Formen der Kommunikation entwickeln, welche die bekannten Formen ergänzen. Diese neuen Kommunikations-Strategien basieren auf Erlebnis-Marketing.

Event-Marketing. In einer neu zu definierenden Form kann Event-Marketing diese sinnvolle Ergänzung sein. Event-Marketing entspricht in hohem Maß der Forderung nach Dialog und „Erleben".

Vernetzung. Event-Marketing muß mit anderen Kommunikations-Maßnahmen stärker vernetzt werden und darf sich nicht auf das Randgeschehen begrenzen.

66

Konsequenz. Bei sinnvollem Einsatz von Event-Marketing im Rahmen des Kommunikations-Mixes muß eine Vernetzung der bisherigen Nebenschauplätze wie:

- Sponsoring,
- Special Events,
- Dialog-Marketing,

mit anderen Kommunikationsgebieten wie PR zu komplexen Erlebnis-Strategien stattfinden. Die Verbindung mit den klassischen Kommunikationsschienen ergibt letztendlich ein Ganzheitskonzept.

Erste Voraussetzung für diesen Prozeß ist ein Umdenken in den Marketingetagen der Industrie. Gefragt sind Macher und Entscheider, die ganzheitlich denken und neue Konzeptformen unter diesem Gesichtspunkt etablieren können.

Zweite Voraussetzung ist die rechtzeitige Einbeziehung und Koordination von Spezialisten wie Agenturen, PR-Fachleuten, Veranstaltungsagenturen oder Promotionexperten.

Dritte Voraussetzung schließlich ist die intensive Beschäftigung mit den anzugehenden Szenarien. Wie schon vorher erwähnt, ist ein Szenen-Management gefordert, das durch praktische Einbindung in die Zielszenen deren Bedürfnisse und Erlebnisebenen erkennen kann.

Nur wenn diese Voraussetzungen erfüllt sind, kann Event-Marketing zum Integrierten Event-Marketing werden, das als Ganzheitskonzept funktioniert, so wie es die folgende Grafik darstellt:

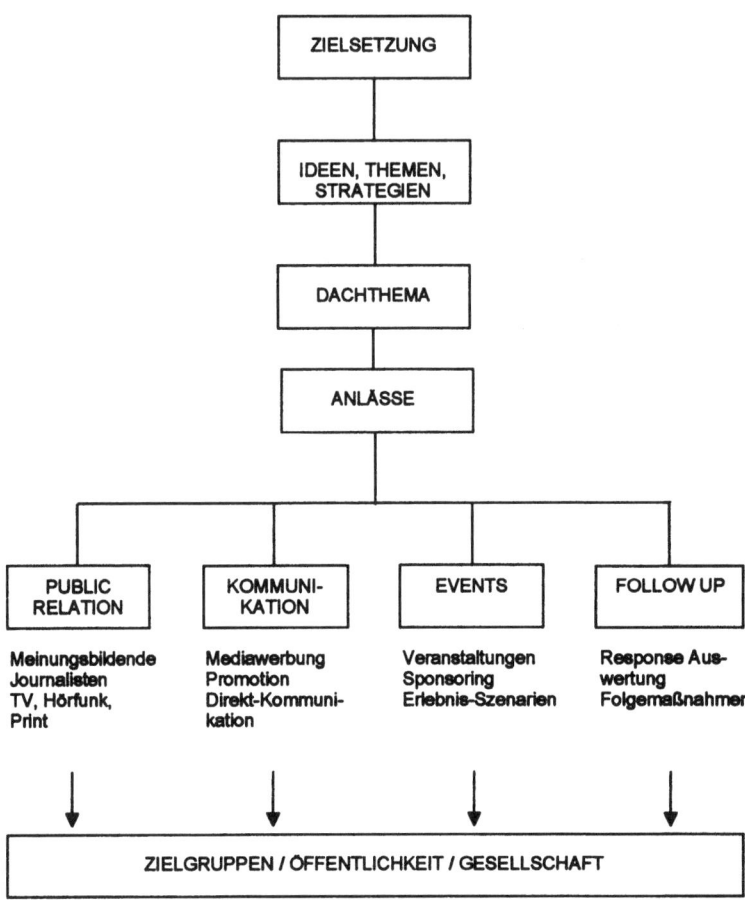

**INTEGRIERTES EVENT MARKETING
ALS GANZHEITSKONZEPT**

Bei allen Versuchen, praxisbezogen und ohne überflüssige Theorie zu denken, muß jedoch spätestens an dieser Stelle eine endgültige Definition des Begriffs **Integriertes Event-Marketing** für eine gewisse Abgrenzung zu den übrigen Kommunikations-Maßnahmen sorgen.

Das abgebildete Kommunikations-Dreieck zeigt die einzelnen Komponenten, welche bei integriertem Event-Marketing zusammenspielen können, wobei einzelne Komponenten, wie z.B. Public Relations, hier eine unterstützende Funktion haben und ansonsten ih-

68

rer eigenständigen Wirkungsweise durchaus nicht beraubt werden sollen.

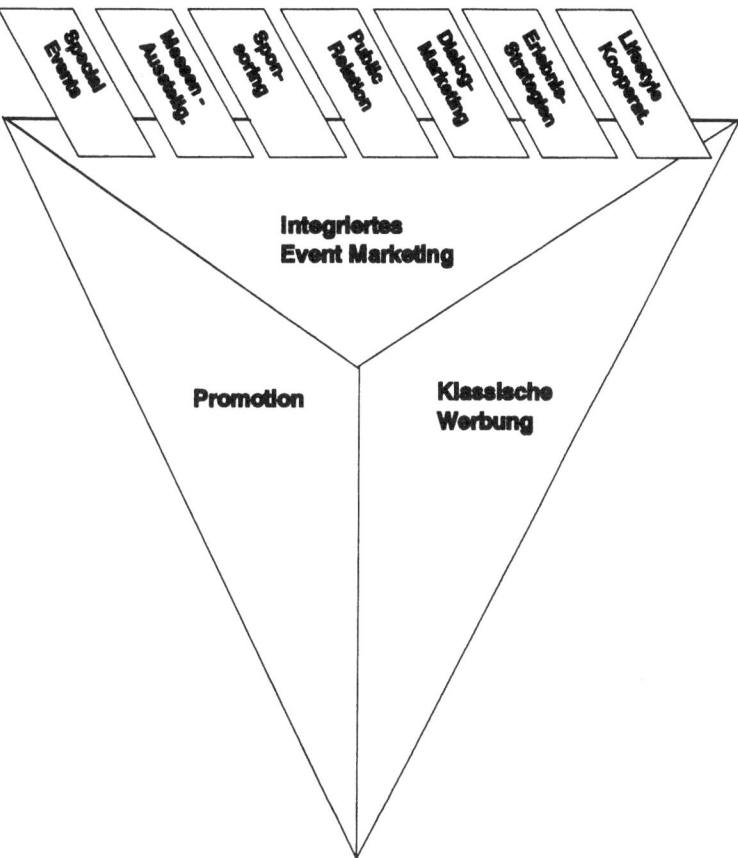

Eine Definition könnte dementsprechend wie folgt lauten:

Integriertes Event-Marketing beinhaltet Maßnahmen, die vom passiven Marketing-Erleben zum aktiven Erlebnis-Marketing und vom Werbemonolog zum Kundendialog führen.

IEM bedient sich dabei überwiegend aktiver Mechanismen und führt im Zusammenspiel einer übergreifenden Strategie zum Ergebnis.

Dabei ist die Trennung nach verschiedenen Sachgebieten eigentlich nur der Anschauung halber zu sehen. Entscheidend ist, in welchem Maß ein integriertes Konzept diese Komponenten zusammenführt und daraus konkrete Maßnahmen umsetzt.

Und entscheidend ist letztendlich nicht die Zahl der theoretischen Werbekontakte, sondern die Anzahl der konkreten Ergebnisse.

Unter diesem Aspekt ist die schematische Darstellung der verschiedenen Komponenten zu sehen, die bei einem integrierten Event-Marketing-Konzept zur Auswahl stehen.

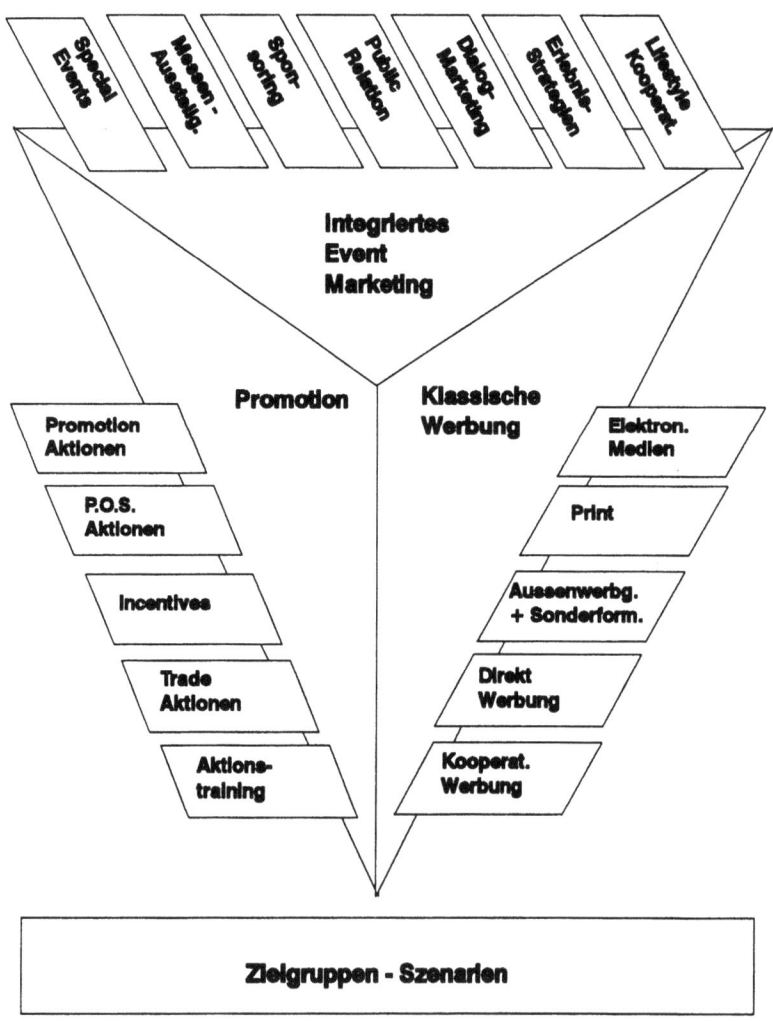

IEM im Marketing-Mix von morgen

Die zuvor geschilderte Unterteilung der Aktivitäten-Vielfalt im Kommunikationsbereich wird vom Konsumenten letztendlich nicht registriert. Für ihn ist ausschließlich das von Bedeutung, was er erlebt, sieht oder hört.

Unter diesem pragmatischen Gesichtspunkt muß jede Art von Planung stehen, die sich aus der Zielsetzung des Marketings ergibt.

In den 70er und 80er Jahren war die Dominanz der klassischen Werbung unübersehbar. Sie führte letztlich zu einer Überflutung des Verbrauchers. Kommunikationsexperten rechnen heute vor, daß der Anteil der sogenannten **Below-the-Line**-Aktivitäten drastisch zunehmen wird, und das zu Lasten der großen Massenwerbung. Prozentuale Schätzungen werden genannt, die der klassischen Werbung einen Rückzug bis auf 30 % des Mediamixes bescheinigen.

Diese Aufschlüsselung in Media- und **Nicht-Media**-Aktivitäten bringt die Unternehmen jedoch nicht weiter. Entscheiden über die Gewichtung des Mixes wird einzig die Frage, ob es den Marketing-Verantwortlichen gelingen wird, neue Kommunikationsinhalte zu vermitteln. Nur daraus wird sich die Art der Aktivitäten, deren Gewichtung und die Aufteilung auf Medien ergeben.

Es mag durchaus sein, daß der Anteil von Promotion und Event-Marketing von diesen Inhalten her positiv beeinflußt wird, aber ob Mediawerbung nur begleitend oder als Basis positioniert wird, kann nur aus den Zielen und Inhalten beantwortet werden.

Insbesondere dort, wo Dachmarken mehrere Produktfelder verbinden, gibt die Werbung in Massenmedien einen Sinn. Sie erfüllt nach wie vor die wichtige Funktion des Aufbaus eines langfristig wirksamen Markenimages:

Basis-Kommunikation	Markenimage	

Teilziel	Kontakt mit potentiellen Kunden	Dialog

Die Parameter, aus denen sich Entscheidungen für Inhalte und Kommunikationsformen entwickeln, sind vielschichtig und individuell. Auf zwei Bereiche soll hier etwas näher eingegangen werden.

Die folgende Grafik zeigt das grobe Raster einer Situationsbestimmung, die Aufschluß für generelle Überlegungen gibt. Dieser Mix aus quantifizierbaren und qualifizierbaren Eckpfeilern läßt sich beliebig und individuell erweitern, zeigt aber bereits in relativ einfacher Darstellung für zwei unterschiedliche Marken bestimmte Tendenzen in der Notwendigkeit von Kommunikationsformen. Die Betrachtung erfolgt, ausgehend vom Gesamtmarkt, über die eigene Marktsituation bis hin zu Chancen und Ressourcen.

Marke A, mit eher mittelmäßiger Bedeutung in einem relativ großen Markt, der gekennzeichnet ist durch ausgeprägten Wettbewerb und mittelmäßiges Wachstumspotential, ist sicherlich eher geeignet für Werbung in Massenmedien.

Marke B, in einem noch kleinen Markt, der jedoch hohes Potential aufweist, verlangt eher individuellere Maßnahmen in der Kommunikation, wobei hier auch die geringeren Budgetmittel eine Rolle spielen. Speziell in diesem Feld ist die Etablierung oder das Eintauchen in ein Szenario überlegenswert.

Ein weiterer Bewertungspunkt für Kommunikationsüberlegungen ist der Mix des Kundenpotentials. Die folgende Grafik zeigt eine Aufteilung von Kunden nach Intensität der Beziehung. Es muß analysiert werden, wo die Schwerpunkte des eigenen Unternehmens liegen, etwa im inneren Bereich des Kreises mit entsprechend hoher Markenbindung oder im äußeren Bereich der gelegentlichen

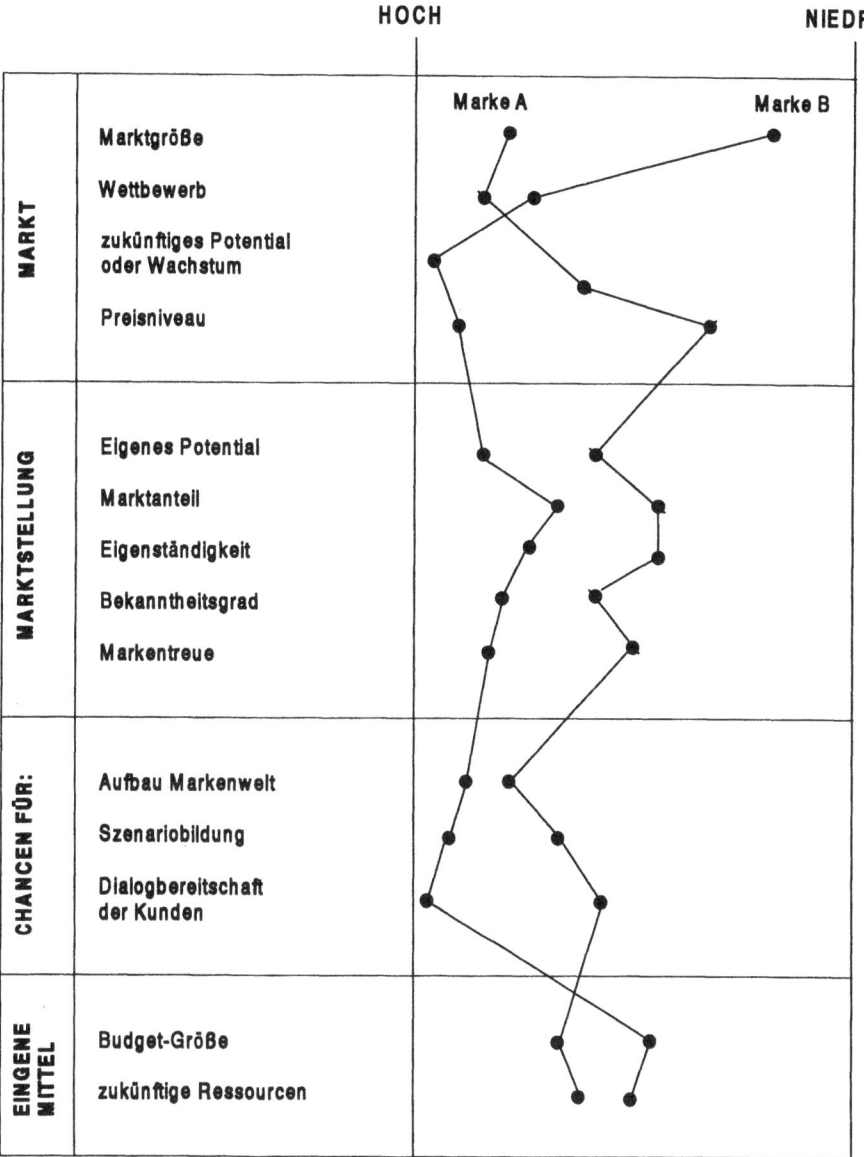

Käufer und Nichtkäufer. In welchem Maß Neukundengewinnung oder Kundenbindung als Ziel definiert wird, hat entscheidenden Einfluß auf Kommunikation.

KÄUFER-/NICHTKÄUFER-SPIRALE

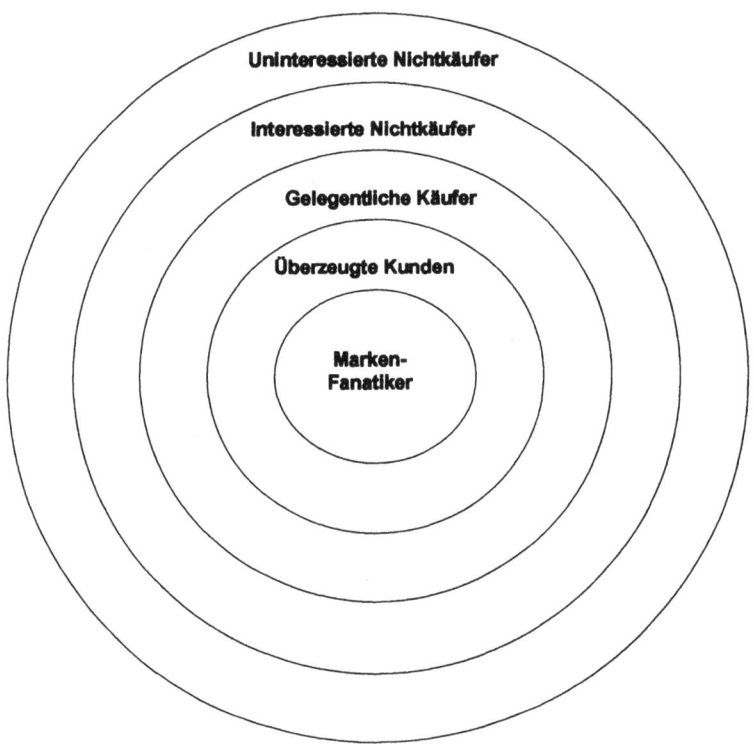

Im Mittelpunkt aller Überlegungen werden dabei vor allem die Marketingziele stehen. Die richtige Gewichtung dieser Ziele gibt ein weiteres wichtiges Indiz für den Kommunikations-Mix. Im unten abgebildeten Beispiel, bei dem der Kontakt mit potentiellen und vorhandenen Kunden eindeutig im Vordergrund steht, bietet sich ein Event-Marketing-Konzept in integrierter Form durchaus an. Das wäre sicherlich anders zu sehen, wenn imagebildende Zielsetzungen im Vordergrund stehen würden, obwohl auch dann Event-Marketing-Konzepte als Begleitmaßnahmen überlegenswert wären.

GEWICHTUNG DER MARKETINGZIELE

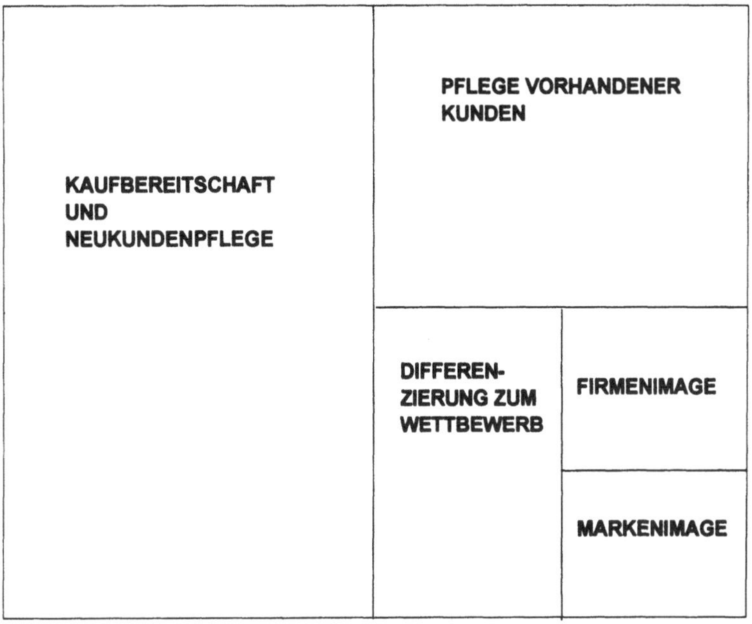
PFLEGE VORHANDENER KUNDEN
KAUFBEREITSCHAFT UND NEUKUNDENPFLEGE
DIFFEREN-ZIERUNG ZUM WETTBEWERB
FIRMENIMAGE
MARKENIMAGE

Was damit letztlich gesagt werden soll, ist, daß integrierte Event-Marketing-Konzepte ein sehr breites Einsatzspektrum haben. Ihre volle Wirkung entfalten sie aber dort, wo es darum geht, eigenständige Szenen und eine klare Differenzierung zum Wettbewerb zu entwickeln. In unserem vorher dargestellten Gewichtungsbeispiel könnte das wie folgt aussehen:

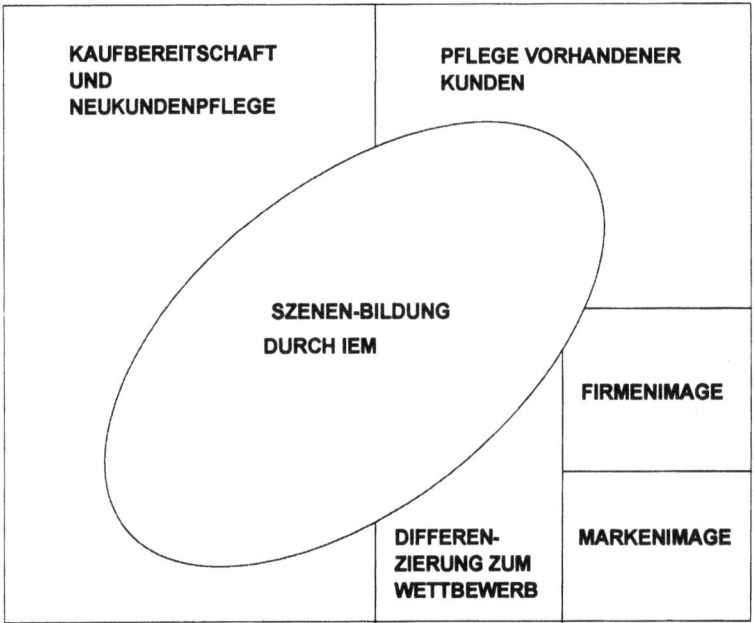

Integriertes Event-Marketing ist damit ein Medium, das zwei Möglichkeiten bietet:

- Zum einen den aktiven Einsatz als Gesamtstrategie im Erlebnis-Marketing, um potentiellen oder vorhandenen Kunden mit neuen, dialogfähigen Inhalten zu begegnen,

- zum anderen der begleitende Einsatz bei Kommunikationsstrategien, die mehr dem Markenimage dienen sollen.

Der Vorteil des integrierten Event-Marketings besteht dabei in der Möglichkeit, den Verbraucher oder Kunden mit einzubeziehen und neben den mehr einseitig wirkenden Techniken die Voraussetzung für interaktive Kommunikationsprozesse zu schaffen.

III.
Komponenten des
Integrierten Event-Marketings

Event-Marketing, so haben wir dargestellt, besteht aus sehr viel mehr als den bisher dafür definierten Aktivitäten. Das Wort **Marketing** in Bezug auf **Event** sagt dies eigentlich schon aus.

Im folgenden möchten wir die einzelnen Komponenten des IEM einer genaueren Betrachtung unterwerfen. Basis dabei ist die Definition aus Kapitel II:

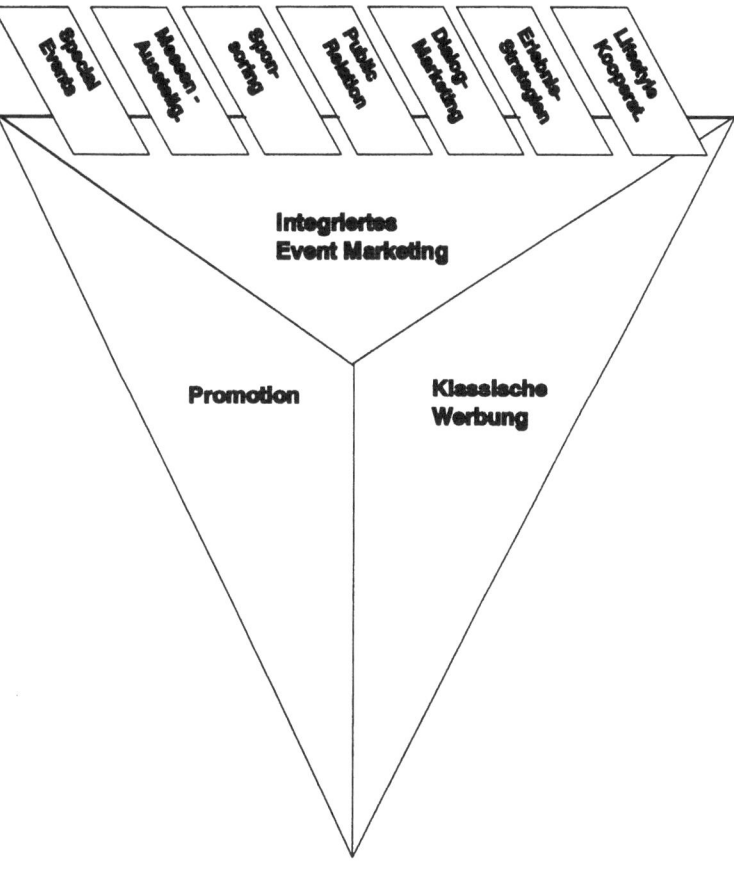

Grundsätzlich gilt bei der Betrachtung dieser Einzelgebiete das, was schon des öfteren gesagt wurde: keine der Komponenten kann ein echtes Eigenleben entfalten. Nur der kombinierte Einsatz im Rahmen der übergreifenden Strategie ergibt einen Sinn. Die dargestellten Komponenten müssen wie ein Baukastensystem gesehen werden, bei dem einzelne Teile wichtiger sind, andere weniger bedeutend, je nach Zielgruppe und Hintergrund. Wird dieser Baukasten sinnvoll zusammengesetzt, so ergibt das Resultat einen festen Zusammenhalt von unterschiedlichen Kommunikationsteilen.

ZUSAMMENWIRKEN VON IEM-KOMPONENTEN

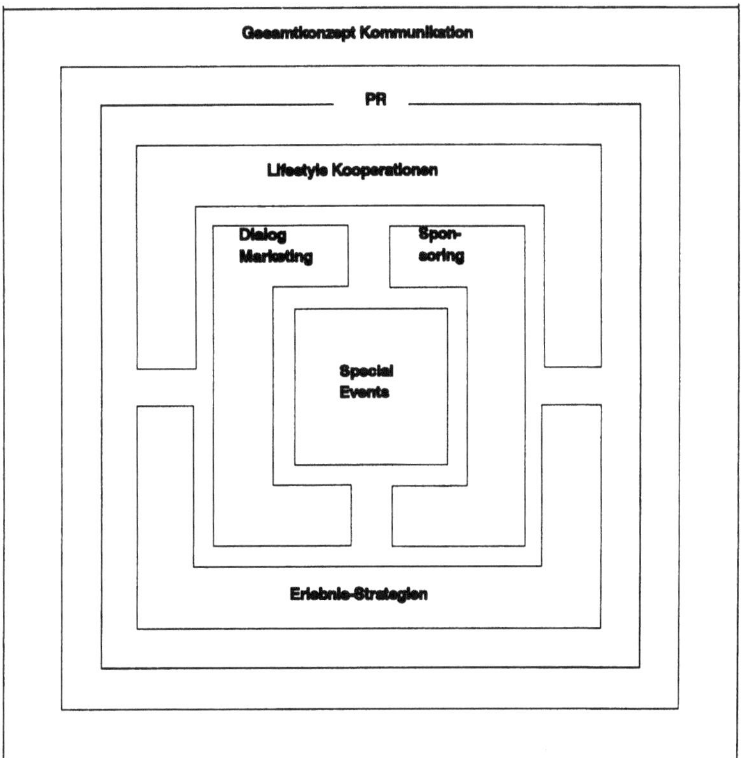

Gesamtkonzept Kommunikation

PR

Lifestyle Kooperationen

Dialog Marketing

Sponsoring

Special Events

Erlebnis-Strategien

Erlebnis-Strategien

Die Welt des neuen Verbrauchers ist angefüllt mit Freizeitwerten, die sich als erlebnis- und genußorientiert bezeichnen lassen. Die Tourismusbranche bekam dies als erste zu spüren und stellte sich darauf ein. Andere Dienstleistungszweige zogen nach. Die sinnliche Wahrnehmung von Erlebnis und Abwechslung steht im Mittelpunkt zahlreicher Serviceleistungen. **Erlebnisorientierter** Einkauf war jahrelang ein Schlagwort für den Handel und führte zu tiefgreifenden Konsequenzen bei Geschäftsausstattung und Serviceangeboten.

Auch in der Kommunikation spielt der Begriff **Erlebnis** eine dominierende Rolle. Die Zigarettenindustrie beispielsweise baute ganze Image-Szenarien auf erlebnisorientierten Komponenten auf. Die Marlboro ist ein klassisches Beispiel. Über 20 Jahre lang bildet die Cowboywelt eine Image-Plattform und hat dank der konsequenten Beibehaltung des Themas die Marke zur Spitze gebracht.

Wenn hier nun von Erlebnis-Strategien die Rede ist, so konzentriert sich dies mehr auf den Event-Marketing-Bereich. Und auch dort ist die Zigarettenindustrie Vorreiter. Diese von wettbewerbsrechtlichen Einschränkungen und raucherfeindlichen Anschuldigungen gebeutelte Industrie hatte es noch nie leicht, ein positives Image zu entwickeln. Die einzelnen Unternehmen mußten sich in diesem Umfeld schon frühzeitig nach Alternativen umsehen.

Imagetransfer der Zigarettenindustrie

Bei einem Produkt wie Zigaretten kommt der sorgfältigen Imagepflege besondere Bedeutung zu, da der Anteil der Stammraucher innerhalb der einzelnen Marken relativ hoch ist und sehr stark von verschiedenen Imagefaktoren abhängt.

Andererseits sind wesentliche Kommunikations-Elemente wie TV-Werbung untersagt. Eine Ergänzung für viele Unternehmen war deshalb schon frühzeitig der Einsatz von erlebnisorientierten Event-Konzepten. Erstes Beispiel ist die Reynolds-Marke Camel Filter:

Bereits 1980 startete das Camel-Management die **Camel Trophy.** Daß diese Kampagne letztlich erfolglos blieb, macht sie als Fallbeispiel besonders interessant. Das Konzept war ebenso neu wie einfach: Über unterschiedliche Kommunikationsmaßnahmen suchte Camel Freiwillige, die sich auf einer Art Ralley durch besonders unwegsame Landstriche machen mußten, der eigentlichen Camel Trophy.

1980 war dies die Transamazonika in Brasilien, in den Jahren danach der Dschungel Sumatras oder unwirtliche Gegenden wie Papua-Neuguinea.

Die Camel-Strategen berichteten während der Trophy mit PR-mäßig gestalteten Anzeigen in Tageszeitungen über den jeweiligen Stand der Ralley. Begleitet wurde die Trophy von Kinofilmen, PR-Aktionen und Anzeigenwerbung.

Die Camel Trophy startete 1980 mit viel Erfolg und Aufsehen, was den Machern den Mut gab, das Konzept langfristig einzusetzen und später auf mehrere europäische Länder auszudehnen. In den ersten Jahren blieb der Erfolg nicht aus. Dann aber bröckelte die Marktbedeutung der Camel Filter beträchtlich ab. Das Trophy-Konzept wird zwar heute noch genutzt, konnte jedoch nie deutliche Impulse für die Marktstellung der Camel geben. Event-Marketing als Mißerfolg?

Sehen wir uns die zweite Variante von Erlebnis-Marketing an. Philip Morris setzte 1990, zu einem Zeitpunkt, als die Marke bereits deutlich Marktführer war, das Konzept **Marlboro Project** ein.

Die Grundidee ähnelt der Camel Trophy, unterschiedlich sind Inhalt und Ausführung. Marlboro fordert Kunst- und Kulturinteressierte auf, sich an einem Projekt zu beteiligen, das mit einem Trip in die USA verbunden ist. Das **Projekt** besteht aus verschiedenen Feldern wie Videographie, bildende Kunst oder körperliche Ausdrucksweise, die von den letztlich ausgewählten Teilnehmern aktiv erlebt und unter Mitarbeit von namhaften Experten erarbeitet werden. Ziel sei, so die Macher, potentielle Marlboro-Raucher anzusprechen, die von der Cowboywelt nicht erreicht werden.

80

Aufruf zur „Camel-Trophy" 1992. Eventmarketing ohne Markterfolg?

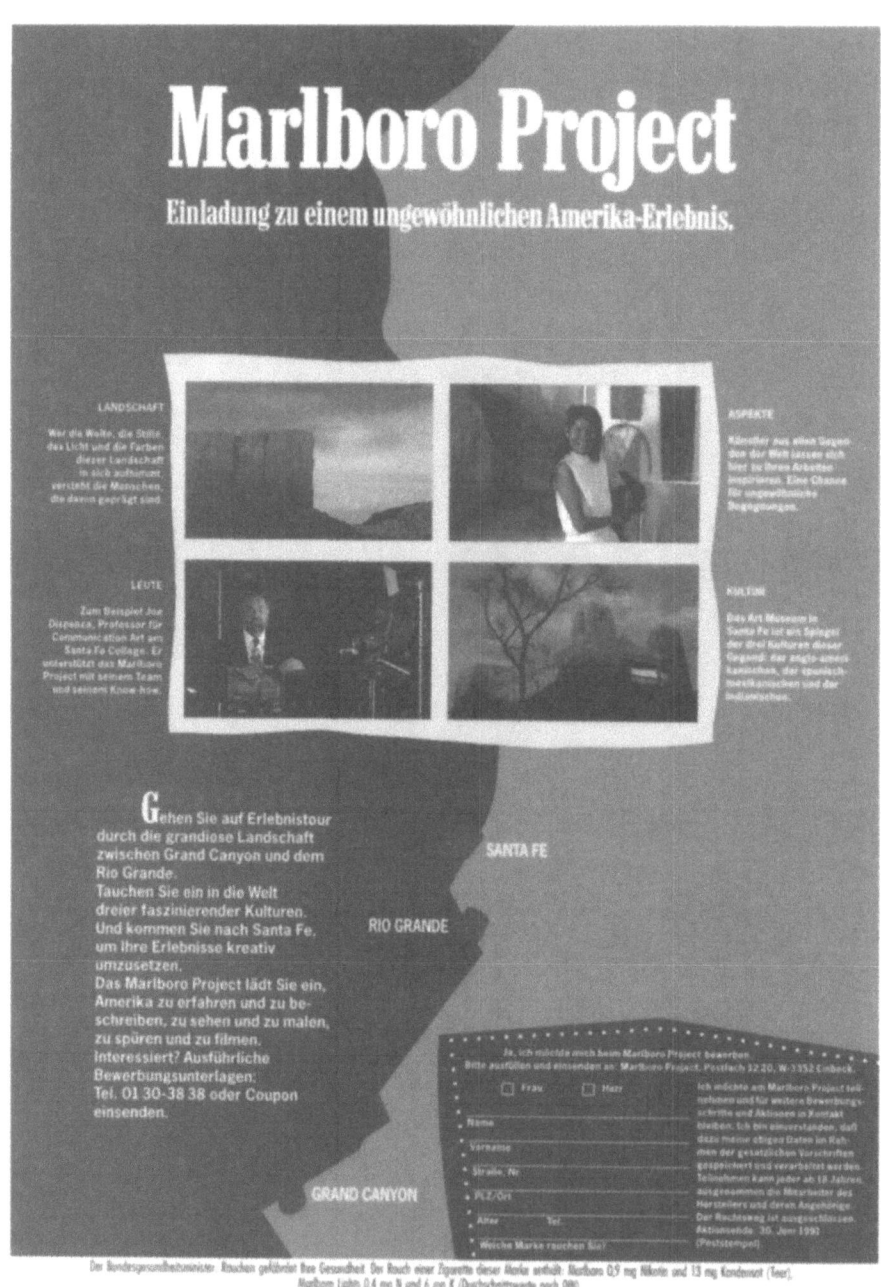

Erlebnisstrategie als Ergänzung: „Marlborough Project" 1991.

Zwei Erlebnis-Strategien, zwei Resultate. Die Camel Filter verlor im Aktionszeitraum Marktanteile, Marlboro hält die Marktführerschaft auf hohem Niveau. Wo liegen die Unterschiede?

Auffällig ist vor allem die Gewichtung der Konzepte. Während für Marlboro die Basis-Kampagne kontinuierlich weitergeführt wird und das Konzept **Marlboro Project** nur eine ergänzende, aber integrierte Maßnahme ist, hatte die Trophy für Camel eine überproportionale Gewichtung.

Beides entspricht in etwa dem folgenden Bild:

Marlboro Kommunikation

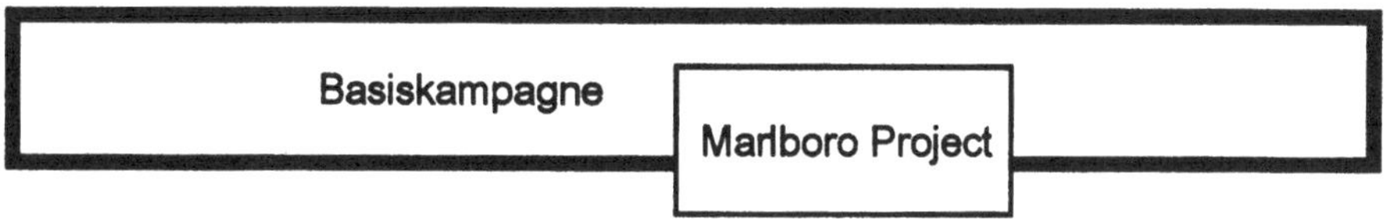

Basiskampagne	
	Marlboro Project

Camel Kommunikation

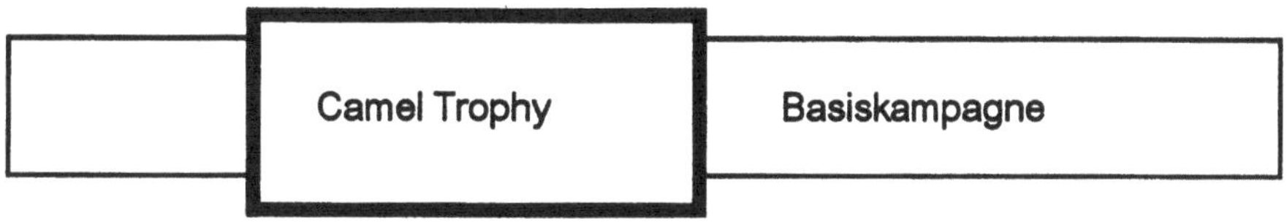

	Camel Trophy	Basiskampagne

In einem von der Imagebildung so extrem abhängigen Produkt wie der Zigarette zeigt sich, daß eine langfristig angelegte Imagekampagne, die man als Basis aller Kommunikationsaktivitäten bezeichnen könnte, von hoher Bedeutung ist. Solche Produktgruppen mit Event-Konzepten zu positionieren, hat etwas Reizvolles, führt aber zu unterschiedlichen Inhalten und letztlich zur Irritation.

Ein Erlebniskonzept wie das Marlboro-Projekt kann nur dort ergänzend wirken, wo klassische Kommunikation nicht mehr arbeitet. Die Camel Trophy hingegen sollte in ihrer Funktion überproportional stark arbeiten, ja fast eine langfristige Imagekampagne ersetzen.

Dies ist nicht für jedes Produkt möglich und bedarf einer sorgfältigen Abwägung der Gewichtung.

Die Konsequenz liegt auf der Hand: Event-Konzeptionen wie Erlebnis-Marketing sind immer dann kein Ersatz für langfristige Image-Aktionen, wenn das Thema keine direkte Verbindung zum Produkt hat. Es kann in diesen Fällen nur versucht werden, Erlebnis-Strategien begleitend durchzuführen. Die Zielsetzungen dafür können unterschiedlich sein.

Anders ist dies bei Strategien, die der logischen Kette

- Produkt,
- Zielgruppe,
- Szenen-Involvement,
- Erlebnisthema,

gerecht werden können. Hierfür ein weiteres Beispiel:

Unsere Automobillandschaft wird seit etlichen Jahren vom Phänomen der Geländefahrzeuge begleitet. Auch in hochindustrialisierten Ländern mit ausgezeichneter Infrastruktur gibt der geländefähige Wagen dem Besitzer scheinbar das Gefühl von Freiheit und Abenteuer. Ein eigenes Szenario entwickelte sich mit Clubs, Messen und eigenen Zeitschriften.

In dieses Szenario hinein etablierte die GM-Firma Isuzu eine Erlebnis-Kampagne für ihr Geländewagenprogramm: die **Trooper World Tour.**

Interessenten konnten sich — ähnlich wie bei Camel Trophy — bewerben, um in unwegsamen Gebieten als Off-Road-Testfahrer den Isuzu Trooper kennenzulernen. Headline: **Trooper-Testfahrer für extreme Pisten gesucht.** Diese Pisten waren zum Beispiel die arktische Wildnis Nordfinnlands oder Kakteenwüsten in Mexico.

Diese Kampagne erfüllte gleich mehrere Voraussetzungen:

- **Nähe zum Produkt.** Im Mittelpunkt stehen das Produkt und seine Leistungsfähigkeit.

Nähe zum Produkt: ISUZU Trooper World Tour.

85

– **Einbindung in ein Szenario.** Off-Road-Enthusiasten sind natürlich an einem solchen Thema interessiert, müssen sie doch in einem Land wie Deutschland lange nach geeigneten Geländen suchen, um ihren Hobbies frönen zu können. Der innere Dialog wird problemlos hergestellt.

– **Nischen-Marketing.** Hier geht es nicht um Imagebildung in einem Massenmarkt, sondern um ein exklusives Teilgebiet eines Marktes. Insofern ist die Entscheidung für ein Erlebniskonzept sehr viel leichter zu treffen.

Wermutstropfen in der Isuzu-Aktion ist die Beschränkung auf das vermeintlich Wichtigste. Man kann leicht nachvollziehen, wieviel mehr die Kampagne gebracht hätte, wäre sie um Elemente wie Dialog-Marketing oder Public Relation erweitert worden. So bleibt sie letztendlich mehr im Bereich der Promotion verhaftet.

Genau das ist es aber, was erlebnisorientierte Event-Strategien von der Verkaufsförderung eines Unternehmens abhebt: die Kommunikationskraft in Verbindung mit weiteren Event-Marketing-Maßnahmen.

Erst dann ist eine Erlebnis-Kampagne in der Lage, zur basisorientierten Kommunikation zu werden. Die Verbindung zum Dialog-Marketing gibt der Kampagne die Möglichkeit, im beziehungsbildenden Bereich zu wirken. Public Relation sorgt für eine Verstärkung des Themas, und der Einsatz von Special Events kann das Thema interessant machen. Die Einbeziehung von Sponsoring oder die Bildung von Lifestyle-Kooperationen können ergänzende Techniken sein, sind aber von Möglichkeiten und Zielsetzungen abhängig.

Erlebnis-Strategien im Event-Marketing werden unter diesen Voraussetzungen in einem sich wandelnden Verbraucherdenken eine wachsende Funktion haben.

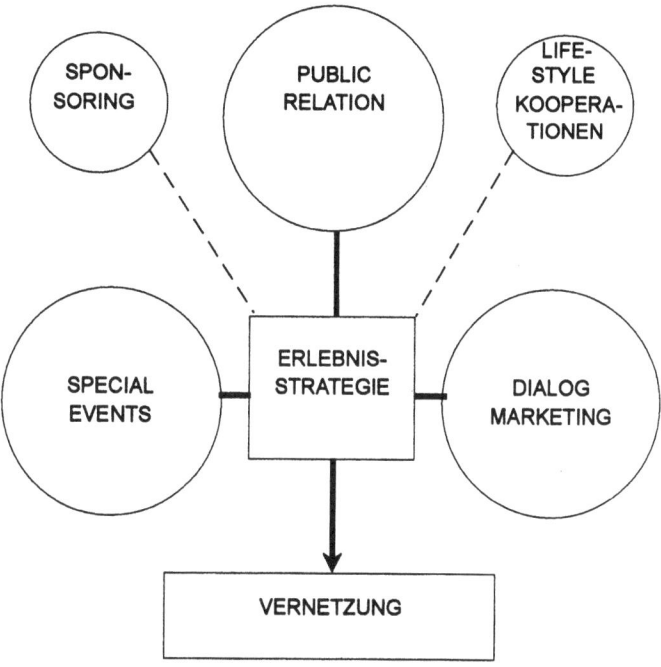

Szenen-Kooperationen

Die Verbraucherwelt ist voll von Szenen, die sich auf Grund bestimmter Einstellungen, Lebensstile oder Erwartungshaltungen bilden. Es gilt, diese Szenen zu identifizieren und sich intensiv mit ihnen zu beschäftigen.

Die Hilfsmittel für diese Identifikation finden wir dort, wo Szenarien entstehen oder existieren. Sie können sich schnell entwickeln oder ändern. Das aber erfährt man erst bei ständiger Beschäftigung mit allem, was szenentypisch und -relevant ist.

Ergänzt werden die praxisorientierten Hilfsmittel durch die theoretischen, wie Zielgruppenuntersuchungen, Marktstudien oder Trendbeobachtungen.

Im folgenden wird die Gruppe der Jugendlichen einer solchen Betrachtung unterzogen, um innerhalb dieser Zielgruppe einzelne Szenarien auszumachen.

Die Struktur des Jugendmarktes und seine Szenen (Basis: BBE Studie „Jugendmarkt", 1992)	
Kennzeichen	**Ausprägung**
Soziodemographie	Jugendliche im Alter von 12 — 21 Jahren bilden 1992 einen Anteil von 13 % an der Gesamtbevölkerung. Der größte Teil dieser Zielgruppe, nämlich über 60 %, peilt mehr als den Hauptschulabschluß an, rund ein Drittel erwirbt dabei die Hochschulreife.
Wertestruktur	Folgende Werte stehen im Vordergrund: – Sicherheit – privates Glück – Zufriedenheit in Beruf, Geld und Genuß – Hedonismus – Idealismus – Materialismus Von der Lebensorientierung her stehen umgebungsorientierte und ichbezogene Einstellungen weit vorn. Oppositionelle Jugendliche sind eher in der Minderheit. Die ausgeprägtesten Wünsche Jugendlicher sind (in der Reihenfolge der Bedeutung): – Gesundheit – Freunde – Liebe/Harmonie – Sport – Erfolg in Ausbildung und Beruf – Persönlichkeits-Entwicklung – Geld/Einkommen – Außerordentliches erleben – Andere

Kennzeichen	Ausprägung
Freizeitgestaltung	Reihenfolge der Bedeutung: – Mit Freunden treffen – Musikhören zu Hause – Kochen – Aus- und Weiterbildung – Sport zum Spaß treiben – Medien-Konsum (Bücher, Zeitschriften, TV) – Auto/Motorrad/Fahrrad – Tanzen/Parties/Diskotheken – Kinobesuche – Essen gehen – Aktiver Leistungssport – Andere
Jugendliche Konsumenten	Geldausgaben für: ● Getränke/Süßwaren/Genußmittel ● Disco-, Kneipenbesuch ● Hobby- und Sportartikel High-Interest-Produktgruppen: ● Körperpflege/Kosmetika ● Bekleidung ● Unterhaltungselektronik ● Computer ● Urlaub ● Fahrzeuge
Markenpräferenzen	Marken haben einen hohen Stellenwert und sind vor allem für die Selbstdarstellung von Bedeutung. Das Qualitätsbewußtsein ist relativ ausgeprägt und darf auch Einfluß auf die Höhe des Preises haben. Markentreue dagegen ist weniger ausgeprägt. Der Versuch, Neues auszuprobieren, dominiert. (Trends) Typische Jugendmarken, die noch am ehesten eine gewisse Markentreue verzeichnen können, sind: ● Coca Cola, Pepsi Cola ● Wrigley, Ritter Sport, Milka, Haribo

Kennzeichen	Ausprägung
	• Marlboro, Lucky Strike, Drum • Sony-Walkman und -Discman, TDK-Cassetten • Commodore • Peugot, Golf, Opel Corsa • Ikea • Esprit, Benneton, Levis • Adidas, Nike, Puma • Bravo, Pop Rocky, Tempo, Prinz, Wiener Die Liste mag nicht vollständig sein, zeigt aber die Besetzung ganzer Produktbereiche und spezieller Segmente.
Einstellung zur Werbung	Werbung wird für Jugendliche interessant, wenn sie Spaß, Originalität und Unterhaltung bietet. Musik hat einen hohen Stellenwert. Andererseits wird der Werbung von Jugendlichen eine Manipulationsabsicht unterstellt. Bevorzugte Medien sind Funk, Kino und Zeitschriften.
Szene im Jugendmarkt	Soziale Einflüsse spielen eine große Rolle. Im Mittelpunkt steht die **Clique,** aus der heraus sich eine Reihe von Verhaltensmustern entwickeln. Sie hat eine Leitfunktion bei der Orientierung in bestimmte Richtungen oder Trends. Es entwickeln sich unterschiedliche Grundeinstellungen mit verschiedenen Orientierungen: • Erlebnisorientiert • Umgebungsorientiert • Sicherheitsorientiert • Leistungsorientiert • Idealismusorientiert • Materialismusorientiert Innerhalb dieser Grundeinstellungen etablieren sich Szenarien, die zusätzlich von Trendeinflüssen beeinflußt werden.

Die folgende Grafik zeigt ein Beispiel.

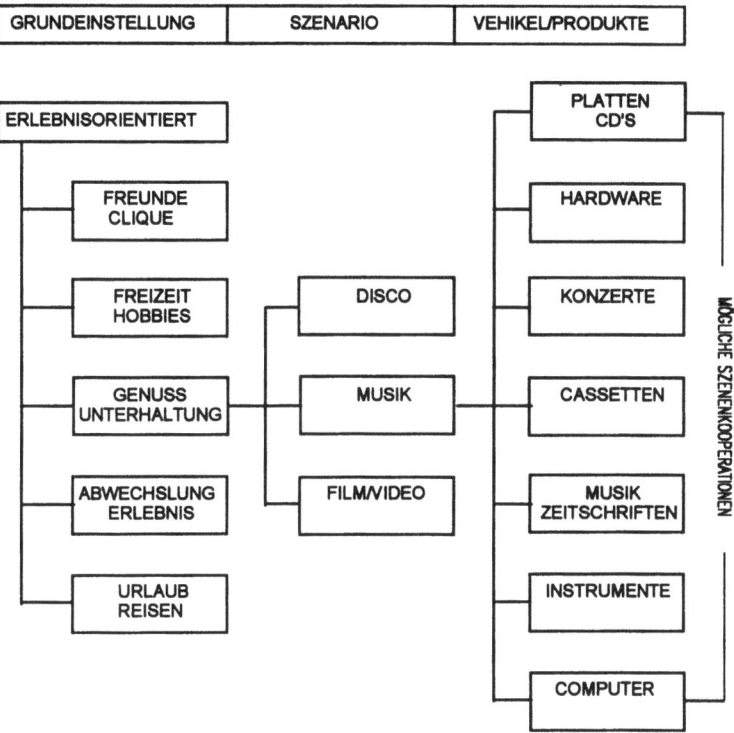

Wenn innerhalb dieser Szenarien von Kooperationen die Rede ist, sollte man in zwei Bereiche unterteilen:

Strategien	Taktiken
Innere Kooperation	Äußere Kooperation
Verschmelzung **mit** dem Szenario bzw. mit den Trägern und Oppinion Leadern	Kooperation **für** das Szenario mit anderen Marken, Medien oder Organisationen

Am Beispiel der dargestellten Szene **Musik** sowie des in Kapitel II. geschilderten Praxisfalles **Sony UX-S Talent Award** läßt sich diese Unterteilung wie folgt konkretisieren:

Etablierung in die Popmusikszene durch Kooperation mit Musikern und Musikfachleuten, durch den Nachwuchswettbewerb und seine Ausstrahlung auf das Szenario.	Verstärkung der inneren Kooperation: ● Zeitschrift **Pop Rocky** ● Fachblatt Musik Magazin ● Musiksendung **POP** von Tele 5 ● Sony-Music-Platten ● sowie Sony-UX-S-Cassetten als Kooperations-Leader

Szenen-Kooperationen können eine Reihe vorteilhafter Effekte bringen, bergen aber auch — wie immer, wenn unterschiedliche Partner zusammenarbeiten — die Gefahr von Problemen.

Positive Effekte	Problemkreise
– Erweiterung und Verstärkung der Kommunikations-Effekte – Synergie in verschiedenen Kompetenzfeldern – Steigerung der Integration und damit der **inneren Kooperation** bei anzugehenden Szenarien – Höhere Glaubwürdigkeit – Kostenreduzierung für die beteiligten Partner	– Bei falscher Zusammensetzung der Partner: Irritation und Desinteresse beim Szenario – Probleme in der Zusammenarbeit durch unterschiedliche Zielsetzungen – Gefahr von **Trittbrett-Fahrern,** das heißt, Partner mit wenig Einsatz und zu hohen Erwartungen

Bei der Bildung von Szenen-Kooperationen sollten darum drei Grundsätze von vornherein beherzigt werden:

- Entscheidend ist, daß die Partner in bezug auf die anzugehende Zielgruppe sowie zueinander passen.

- Eine Kooperation mehrerer gleichberechtigter Partner ist meistens problematischer als eine Kooperation, in der einer der Partner dominiert und damit die Führung übernimmt.

– Wer auch immer miteinander kooperiert, das Ziel muß klar sein und von allen getragen werden. Eine klare Zielformulierung, möglichst im frühen Stadium, ist darum unverzichtbar.

Einige Beispiele von Kooperationen verdeutlichen, welche kommunikativen Möglichkeiten in dieser Maßnahme stecken.

Mit einer ungewöhnlichen Verbindung machte der Automobilhersteller Nissan in der Schweiz von sich reden.

Unter dem Slogan „Der Verkehr geht uns alle an" ging Nissan eine Partnerschaft mit den Verkehrsbetrieben der Stadt Zürich ein. Jeder Käufer eines Neuwagens hat die Möglichkeit, ein Jahresabonnement der Verkehrsbetriebe für ein Drittel des sonst üblichen Preises zu erwerben.

Nissan möchte damit sein Verantwortungsbewußtsein für die Umwelt unter Beweis stellen und plädiert für Harmonie zwischen öffentlichem und privatem Verkehr.

Das Angebot wird kommuniziert über ein umfangreiches Paket werblicher Maßnahmen. Informationsbroschüren stellen den Grundgedanken des Umweltschutzes in den Mittelpunkt.

Natürlich hat die Kooperation einen vordergründigen Grund, reflektiert aber doch einen Gedanken, der für die Imagebildung wirksam wird.

Mehr werblicher Natur ist eine Kooperation, die das bereits ausführlich dargestellte Szenario **Musik und Disco** anpeilt. Die Berliner **Video-Disco** ist ein Unternehmen, das Musikvideos für Diskotheken anbietet.

Unter dem Slogan „Big Party On Tour" vereinigt Video-Disco die Marken Camel, Coca Cola sowie die Nachwuchswerbung der deutschen Bundeswehr, um im weiteren Verbund mit Szenen-Zeitschriften in 40 Großdiskotheken Party-Veranstaltungen durchzuführen. Die einzelnen Kooperationspartner wie Camel nehmen den Event als Inhalt für kommunikative Maßnahmen im Rahmen der eigenen Strategien auf.

Man mag über die kreative Ausführung der Aktion streiten, auch die Einbeziehung der Bundeswehr dürfte bei Jugendlichen nicht immer auf Resonanz stoßen, trotzdem entspricht der Grundgedanke einem durchaus szenentypischen Vorgehen.

Das Beispiel zeigt, wie größere Szenen-Kooperationen dieser Art funktionieren:

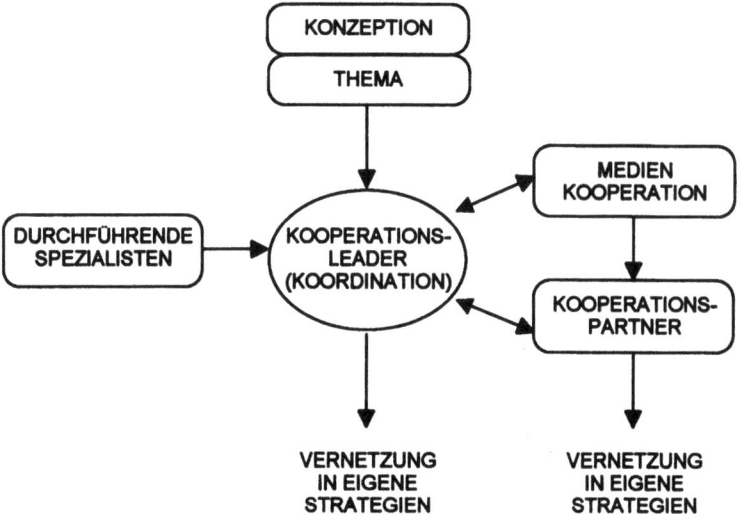

Dem die Kooperation anführenden Unternehmen kommt dabei die gesamte Koordination zu, was rein organisatorisch relativ umfangreiche Dimensionen annehmen kann. Die Einbeziehung von Spezialisten, z.B. für Events, Direkt-Marketing oder PR, ist darum in den überwiegenden Fällen absolut notwendig.

Welchen Umfang eine Szenen-Kooperation aber auch immer annehmen mag: die drastische Verstärkung der Kommunikationseffekte macht das Thema zur lohnenden Alternative.

Dialog-Marketing

Die Verbraucherwelt wird sich wandeln, darin sind sich die Experten einig. Im ersten Kapitel wurde versucht, diese Änderungen darzustellen.

Eine wesentliche Wandlung im Kundenverhalten wird die Abnahme der Markentreue sein. Verbraucher haben viele unterschiedliche Optionen und reagieren situationsbezogener. **Marken-Hopping** umschreiben Fachleute diese zu erwartende Entwicklung, die für die Industrie neue Anforderungen mit sich bringt.

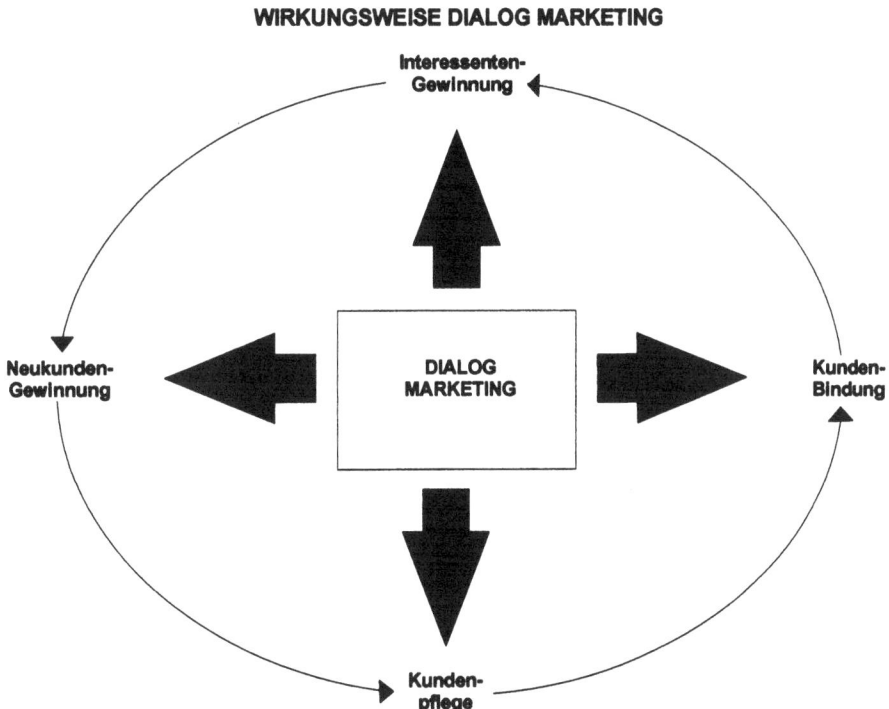

WIRKUNGSWEISE DIALOG MARKETING

Mit dieser Entwicklung werden neue Zielsetzungen für das Marketing entwickelt:

- Eine Kundenbeziehung muß intensiviert und damit verlängert werden.

95

- Die Bindung von aktiven Kunden steht stärker im Vordergrund.

- Diese Bindung muß möglichst langfristig sein.

- Die intensive Kundenbeziehung muß eine Ausstrahlung auf Nichtkunden haben.

- Kunden müssen stärker das Gefühl haben, einbezogen, involviert oder beteiligt zu sein.

Damit sind wir wieder einmal bei dem Begriff **Dialog.**

Dialog bedeutet in diesem Zusammenhang: die Kooperation mit den Zielgruppen und den langfristigen Aufbau von Beziehungen mit bestehenden und potentiellen Kunden.

Dialoge kennen wir in den unterschiedlichsten Formen und Arten. Im Kommunikationsbereich soll an dieser Stelle in zwei Bereiche unterteilt werden:

Der direkte Dialog

Das unmittelbarste Kommunikationserlebnis wird im persönlichen Gespräch vermittelt. Generationen von Verkaufstrainern haben sich diesem Thema gewidmet, und das mit guten Grund.

Ähnlich ist es im Bereich der werblichen Kommunikation. Je individueller und direkter die Ansprache ist, um so eindringlicher können Übereinstimmung und Überzeugung erreicht werden.

Die Industrie hat dem Rechnung getragen, und der Trend zum Direkt-Marketing, ja sogar zum Direkt-Massenmarketing ist in vollem Gange. Die Techniken sind dabei noch überschaubar und erschöpfen sich überwiegend im Direkt-Mailing. Es gibt aber auch, wie wir im folgenden sehen werden, weitaus ausgefeiltere Möglichkeiten.

Der direkte Dialog ist also das Medium selbst, seine Form und sein Inhalt. Ist beides so gestaltet, daß Zielgruppen oder Szenarien sich damit identifizieren können, führt dies zum indirekten Dialog.

Der indirekte Dialog

Die Wirkung von Kommunikationsinhalten wird zunehmend davon abhängen, ob es werbungtreibenden Firmen gelingt, Kunden zu überzeugen. Voraussetzung dafür ist eine Übereinstimmung von Kommunikationsinhalten und Erwartungshaltung.

Soviel zur Binsenweisheit. Tatsächlich öffnen sich hier jedoch noch Abgründe. In der klassischen Mediawerbung ist dies täglich nachvollziehbar.

AUFBAU VON DIALOG MARKETING

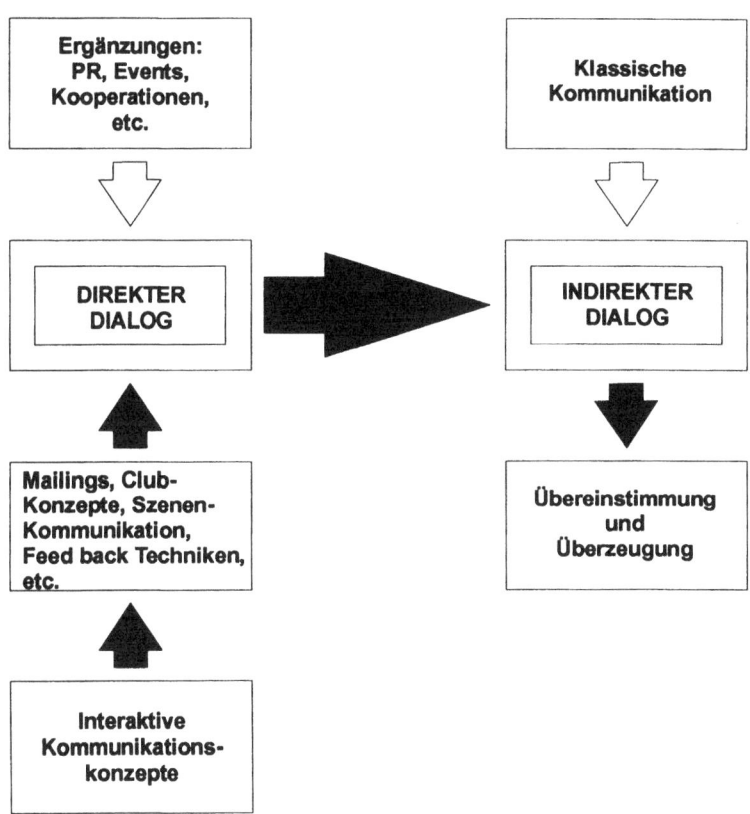

Es muß die wichtigste Aufgabe von Dialog-Marketing sein, diesen indirekten oder inneren Dialog mit den Kunden herzustellen. Dies wird vielfach nur im Zusammenspiel mit anderen Kommunikationsmedien möglich sein, die sich dann aber inhaltlich den Regeln des gezielten Dialog-Marketings unterwerfen müssen.

Der Aufbau von Dialog-Marketing als integrierte Maßnahme ist eine wesentliche Voraussetzung, um in veränderten Märkten und Zielgruppen Szenarien zu bilden und damit Kunden zu gewinnen und zu binden.

1. Der direkte Dialog

Der direkte Dialog ist die unmittelbarste Möglichkeit, den indirekten, inneren Dialog zu ermöglichen und zu erleichtern. Und das wirksamste Mittel, einen Dialog zu starten, ist das persönliche Gespräch.

Wie also, so muß die folgerichtige Überlegung sein, ist es möglich, ein Gespräch mit einer großen Zahl von Zielpersonen zu führen? Eine Antwort liegt sicherlich im Direkt-Marketing. Dabei sind jedoch die Wege, die zum Ziel führen, sehr unterschiedlich. Der **Trampelpfad** unter diesen Wegen ist die klassische Mailing-Aktion, ein eher noch unentdeckter Weg ist der Aufbau oder die Einbindung in Szenen.

Ein Praxisfall mag dies verdeutlichen:

1953 gründete der Schwede Ingvar Kamprad eine neue Form von Möbelhandel, den Abholmarkt für Wohnungseinrichtungen. Unter dem Namen IKEA entwickelte sich diese Idee rasend schnell. Heute gibt es weltweit 96 Einrichtungshäuser, davon 17 in Deutschland.

Der Firmengründer legte bereits in den 50er Jahren den Grundstein für einen **IKEA-Club,** der den Clubmitgliedern erhebliche Einkaufsvorteile sichern sollte.

Diese Club-Idee wurde weltweit aufgegriffen und etablierte sich schließlich als **IKEA Family-Club.**

In den einzelnen Ländern wird dieser Club-Gedanke den örtlichen Gegebenheiten angepaßt und wiederum so gestaltet, daß er auch von jedem einzelnen Möbelhaus individuell genutzt werden kann. Im Mittelpunkt steht dabei die Idee, möglichst nahe an den Produkten und an den Kunden zu bleiben und damit keine Verwässerung der Grundidee zu riskieren.

Wie also funktioniert der IKEA-Club?

Für die Mitgliedschaft wird eine jährliche Grundgebühr von DM 10,00 erhoben. Diese Gebühr hat zwei Effekte: Zum einen schießt der Club zahlenmäßig nicht ins Uferlose, zum anderen ermöglicht die Gebühr eine Reihe von Leistungen, die bei kostenloser Mitgliedschaft nicht möglich wären. 1991 umfaßte der Club trotz Schutzgebühr 170 000 Mitglieder.

Was bietet IKEA seinen Clubmitgliedern?

- **Begrüßungs- und Startpaket:**
  Als Startgeschenk erhält der neu eingetretene Kunde einen Koffer mit mehreren Incentives wie z.B. Kinderüberraschungen, Restaurant-Gutscheine etc.

- **Family-Club-Info:**
  In Kooperation mit der Zeitschrift DM erscheint die Club-Info 6 mal pro Jahr.

- **Transportversicherung:**
  Für alles, was der Kunde bei IKEA kauft, gewährt das Unternehmen ihm eine Transportversicherung.

- **Family Mailing:**
  Ebenfalls alle zwei Monate schreibt IKEA die Clubmitglieder an, um Gewinnspiele oder Sonderangebote zu veröffentlichen. Bei bestimmten Sonderverkäufen kann das Clubmitglied eine Stunde vor Geschäftsöffnung den Markt betreten, um sich in Ruhe umzusehen.

  Clubmitglieder erhalten den jeweils gültigen Katalog automatisch zugesandt.

- **Haus- und Ferientausch:**
  IKEA hilft bei der Vermittlung von Haus- und Ferientausch innerhalb der weltweit 2 Millionen Clubmitglieder. Außerdem vermittelt IKEA in Kooperation mit einem Reiseveranstalter komplett eingerichtete Zelte auf attraktiven europäischen Campingplätzen.

- **IKEA-Card:**
  Clubmitgliedern steht die IKEA-Kreditkarte zur Verfügung mit individuell steuerbaren Zahlungsmodalitäten.

- **Geburtstagsgrüße:**
  Jedes Mitglied erhält einen Geburtstagsgruß und ein Präsent.

Wichtig ist dem Unternehmen dabei nicht die möglichst hohe Anzahl von Leistungen, sondern neben der Nähe zu IKEA auch die Art und Weise, wie sie kommuniziert wird, nämlich möglichst individuell.

Über die Jahre hat sich eine Fan-Gemeinde entwickelt, die sich nicht nur als überzeugte Kunden bezeichnen lassen, sondern die eine ganz eigene Wohnphilosophie entwickelt haben. Diese Philosophie mag nicht jeden ansprechen, da sie geschmacklich eindeutig festgelegt ist, ist aber für IKEA ein unschätzbares Kapital für langfristige Kundenbeziehungen und die Bildung eines eigenen Szenarios: der IKEA-Wohn- und -Lebenswelt.

Ein zweites Beispiel aus dem Bereich der Handelsunternehmen:

Do it yourself ist in den letzten Jahren mehr und mehr zu einem Thema geworden, das beruflich gestreßten Menschen ein Ventil bietet, ihre kreativen Möglichkeiten mit handwerklichem Geschick zu verbinden. In diesem wachsenden Freizeitbereich haben sich eine Menge Anbieter etabliert. Einer der größten ist das Unternehmen OBI, das in Deutschland 20 Bau- und Heimwerkermärkte betreibt. Das Unternehmen erkannte sehr frühzeitig, daß die Jugendlichen von heute die Kunden von morgen sein werden und daß daneben Kundenbindung gerade für diese Art von Handelsbetrieben sehr wichtig ist, um sich im Feld gleichartiger Anbieter langfristig einen eigenständigen Platz zu sichern.

Um mit Kunden in Dialog zu kommen, entwickelte OBI eine Palette von entsprechenden Maßnahmen:

- ein hauseigenes Kundenmagazin, das den OBI-Kunden durch sein Hobby begleitet,

- in Zusammenarbeit mit einem privaten TV-Sender entwik-kelte man ein Do-it-yourself-Lernprogramm,

- einen Telefonservice, der Ratsuchenden zur Verfügung steht,

- Angebot von Kursen für spezielle Hobby-Gebiete,

- sogenannte „Mitmensch-Aktionen" für Kinder und Jugendli-che, bei denen z.B. das Thema Umweltschutz aktiv prakti-ziert wird,

- Sponsorship für eine Kinder-Musical-Tournee sowie die Einbindung dieses Kultur-Sponsorings in andere Kommuni-kationsmaßnahmen.

Das Unternehmen engagiert sich sehr stark im Umweltschutzbe-reich. Monatlich erscheinen Videos, die die eigenen Mitarbeiter über verschiedene Ökologie-Aktionen der einzelnen Märkte infor-mieren. Dieses anspruchsvolle Kundenkontaktprogramm öffnet den Weg zum intensiven Dialog mit den OBI-Kunden und schafft letztendlich eine exklusive Kommunikationsebene.

2. Der indirekte Dialog

Gemeint ist hier das, was im ersten Kapitel einmal mit „innerem Dia-log" bezeichnet wurde und was nichts anderes bedeutet als die Auseinandersetzung des Kunden mit den Kommunikationsinhalten der Hersteller.

Das Modeunternehmen ESPRIT führte 1991 eine Kampagne durch, in der das Unternehmen zur Abgabe von Meinungen aufforderte.

Rund 200 000 Adressaten aus dem Kundenstamm wurden angeschrieben und gebeten, aus ihrer ganz persönlichen Sicht Statements und Meinungen zu vorher nicht fixierten Themen abzugeben. Flotte Sprüche waren dabei weniger gefragt als inhaltlich anspruchsvolle Aussagen.

Aus den Rückläufen wählte das Unternehmen dann geeignete Statements aus, die zusammen mit ihren Schöpfern in Anzeigen und auf Plakatflächen veröffentlicht wurden. Diese Veröffentlichungen sollen wiederum weitere Stellungnahmen provozieren.

Das Feedback der Kunden bestätigte dem Unternehmen ernsthafte Dialogbereitschaft, die durchaus auch kritisch war. **Ich würde etwas gegen den Kaufrausch der Menschen tun,** lautete eines der veröffentlichten Statements.

In der Fachzeitschrift **W + V** stellt ESPRIT-Kommunikationsleiter Detlev Krause die Frage:

Schließlich denken wir, daß Unternehmen in der heutigen Gesellschaft so etwas wie moderne Stämme sind — sie sind soziale Gebinde, zum Teil viel mächtiger als viele Völker auf dieser Erde. Wie wäre es nun, wenn man ihnen von vornherein keine Moral zugestehen würde? Dürfen sie allerhöchstens neutral sein? Ist das überhaupt möglich? Oder sind profitorientierte Unternehmen von vornherein unmoralisch?

Ein weiteres Beispiel ist die Kommunikation für die Zigarettenmarke Philip Morris Light. Unter dem Stichwort **Zukunft** wurde jahrelang ein spezielles Szenario aufgebaut, das geprägt war von zukunftsorientierten Bildern und Aktionen. So wurde Cyberspace zum ersten Mal in einer verständlichen, nachvollziehbaren Form präsentiert. Unter dem Slogan **Talk with tomorrow** schließlich erschien in Anzeigen eine Telefonnummer, die Anlaufstation für alle Konsumenten war, die nicht nur am Thema interessiert waren, sondern auch die Teilnahme an einer entsprechenden Veranstaltung in den USA gewinnen wollten.

Dialog-Marketing für Zigaretten.

„Come together": Dialogversuch für Peter Stuyvesant.

Drittes Beispiel: Die Zigarettenmarke Stuyvesant versucht unter der Headline **Come Together** die Verbindung zwischen Menschen aus unterschiedlichen Kulturen und Lebensbereichen zusammenzubringen.

Drei Beispiele, drei Ideen, über direkte Dialog-Techniken einen inneren Dialog mit den Zielgruppen herzustellen.

Dialog-Marketing mit neuen Möglichkeiten

Haben Sie schon einmal darüber nachgedacht, daß Kataloge oder Prospekte Ihres Unternehmens in einigen Jahren auf einer Laser Disc veröffentlicht werden können? Die Grundpfeiler für diese Möglichkeiten werden heute gelegt. Die Magneto Optical Disc ist ein Computer-Medium, für das auch der Konsument über kurz oder lang entsprechende Abspiel-Hardware besitzen wird.

Die Vorteile liegen auf der Hand: Das Bild wird ergänzt um den Ton. Produktvorteile können über Computeranimation eindringlich veranschaulicht werden. Völlig neue Möglichkeiten tun sich auf, die auch schon heute ansatzweise genutzt werden können.

Informationsvermittlung über elektronische Medien mit interaktivem Charakter sind bereits möglich per Video oder per PC-Diskette. Der Software-Vertreiber Microsoft zum Beispiel benutzt solche Möglichkeiten regelmäßig, um neue Anwenderprogramme vorzustellen. Dabei erhalten die Anwender neben den Informationen zum Produkt auch Möglichkeiten für kostenlose Seminare oder Zusatzprogramme für die grafische Bedieneroberfläche Windows.

Ein anderes Beispiel einer Serviceleistung ist der elektronische Hotelführer von Mitsubishi, der es per Diskette erlaubt, innerhalb von Sekunden die wichtigsten Hotels mit ausführlicher Beschreibung aufzufinden.

Zukunftsorientiert ist auch die elektronische Bildpreisliste, welche von den Softwarehäusern CAL oder Taylorix entwickelt wurde. Die Software ermöglicht es, Preislisten inklusive farbiger Abbildungen direkt in die Anwendung am PC zu integrieren.

Das Telefon nimmt schon seit geraumer Zeit einen wichtigen Platz bei interaktiver Kommunikation ein. Bis 1994 soll auch in Deutschland das neue Medium Audiotext realisiert werden.

Private Anbieter belegen dabei ganze Leitungsbündel für eigene Serviceangebote. Anrufer dieser Serviceleistungen kommen mit hochqualifizierten Voice-Systemen in Verbindung, die es erlauben, in stattfindende Kommunikationsprozesse einzugreifen oder den Wunsch nach Kontaktaufnahme zu hinterlassen. Dieser besonders für den Verkaufsförderungsbereich interessante Service ermöglicht damit nicht nur individuellere Formen der direkten Kommunikation, sondern er sichert auch ein Höchstmaß an Erfolgskontrolle durch sofort mögliche Auswertung der Anrufe.

In den USA realisieren private Anbieter mit **Audiotext** jährlich über eine Milliarde Dollar Umsatz. In Japan und Großbritannien ist der Service ebenfalls bereits etabliert.

Aber auch der Inhalt von Dialog-Marketing muß sich veränderten Prozessen anpassen. Direkt-Marketing zum Beispiel erlebt einen solchen Boom, daß es bereits wieder zur Überhäufung der Verbraucher kommt.

Was letztendlich gesagt werden soll, ist, daß im Bereich der direkten Kommunikation zukünftig neue Techniken und Medien auch neue Inhalte erzeugen müssen, um die noch weitgehendst unerschlossenen Möglichkeiten des Dialogaufbaus zu forcieren.

Voraussetzung ist dabei, daß heute die Vorbereitungen getroffen werden müssen und daß Dialog-Marketing Bestandteil des Kommunikationsprozesses wird.

Sponsoring

Das Interesse der werbungtreibenden Industrie am Thema Sponsoring ist in den letzten Jahren sprunghaft angestiegen. Die Gründe mögen in der Entwicklung von elektronischen Medien und deren Offenheit gegenüber Sponsoring liegen, sind aber mit Sicherheit auch begründet im Stichwort **Erlebnis-Marketing,** d.h., der Nutzung von Lifestyle- oder Freizeitinteressen für die Kommunikation. Hinzu kommt, daß sich viele Werbungtreibende ein zielgruppengenaueres und dennoch preiswerteres Vorgehen erhoffen.

Gerade der letzte Aspekt muß jedoch auf Grund jüngster Entwicklungen stark in Zweifel gestellt werden. Insbesondere im Sport-Sponsoring übersteigen die Sponsorensummen inzwischen sehr oft erheblich den zu nutzenden Effekt. Hinzu kommt, daß spektakuläre Ereignisse mit Sponsorships überladen werden und selbst der Hauptsponsor in vielen Fällen nicht mehr auszumachen ist.

Vermarktung der Olympischen Spiele Barcelona, 1992	
International	International Sports Culture and Leisure AG, Luzern (ISL) (Joint Venture von Adidas und Dentsu)
	Erstellt das Vermarktungskonzept der Olympiade und tätigt alle internationalen Verträge für Sponsoring, Nutzungsrechte der Symbole etc.
	Sponsoren sind: VISA, Coca Cola, Mars, Brother, Matsushita, Kodak, 3M, Panasonic, Ricoh etc. (insgesamt 12 Sponsoren)
National	Deutsche Sport Marketing, Frankfurt/Main (gegründet vom Nationalen Olympischen Komitee und der Stiftung Deutsche Sporthilfe)
	Vermarktet nationale Rechte, die mit der Olympiade in Verbindung stehen, z.B. „Offizieller Sponsor der deutschen Olympia-Mannschaft", etc.
TV-Rechte	NBC hat Gesamtrechte für rund 400 Millionen Dollar und vermarktet sie an die einzelnen Fernsehanstalten.

Drastisches Beispiel sind die Olympischen Spiele in Barcelona (siehe Seite 107). In diesem Konglomerat von Rechten, Vermarktern, Sponsoren und Lizenznehmern nimmt die Eigenständigkeit eines Unternehmens rapide ab. 12 Hauptsponsoren sowie eine große Anzahl nationaler Sponsoren und Lizenznehmer sorgen hier für eine inflationäre Vermarktung der olympischen Ringe.

Es lohnt sich also, vor der Einbeziehung einer Sponsormaßnahme in die Kommunikationsmaßnahmen einen Blick darauf zu werfen, welche Arten von Sponsoring dafür geeignet sind:

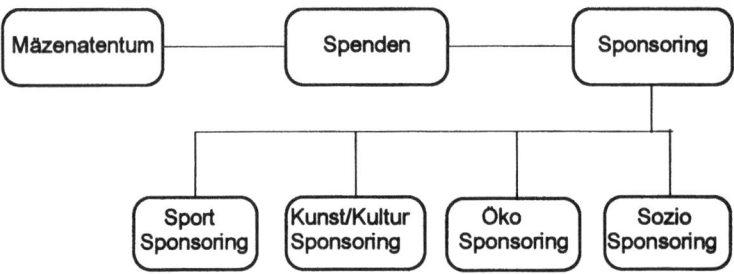

Sport-Sponsoring:

Das Thema hat argen Schaden durch irrationale Sponsorbeträge und inflationären Einsatz genommen. Hinzu kommt, daß sich speziell im Sport Situationen sehr schnell ändern können (z. B. vom Sieger zum Verlierer).

Kunst- und Kultur-Sponsoring:

Dieses Gebiet hat eine stark wachsende Tendenz zu verzeichnen, wobei allerdings die Sponsorenleistung sehr oft mäzenatenhafte Züge trägt. Speziell in Deutschland hat die Verbindung Kunst/Kommerz noch immer einen heiklen Beigeschmack, und Sensibilität ist beim Kunst- und Kultur-Sponsoring gefragt.

Öko-Sponsoring:

Der Trend zur Corporate Communication sowie das aufkommende Problem des Umweltschutzes haben dieses Teilgebiet etabliert.

Sozio-Sponsoring:

Als Alternative zu fehlenden öffentlichen Mitteln für bestimmte soziale Gebiete hat auch Sozio-Sponsoring seinen festen Platz gefunden.

Für die beiden letzten Formen gilt jedoch, daß die Sponsoren sich mit den Sponsorthemen auch identifizieren müssen, wenn das Sponsoring nicht an Glaubwürdigkeit verlieren soll. Öko- und Sozio-Sponsoring sind mehr ideelle Themen im nichtkommerziellen Bereich, so daß sie sich für die Einbeziehung in kommerzielle Strategien nur sehr bedingt eignen.

Im Prinzip lassen sich Sponsoring-Möglichkeiten in zwei Gruppen unterteilen, für die hier einige Beispiele stehen:

Sponsorthemen mit eher altruistischem Charakter	Sponsorthemen mit eher kommerziellem Charakter
Beispiele:	Beispiele:
Telekom-Unterstützung des Bonner Schauspielhauses	Opel-Sponsoring mit Steffi Graf
Unterstützung eines Benefizkonzertes des Gewandhausorchesters Leipzig durch American Express	Mercedes-Benz-Sponsorship der deutschen Fußball-Nationalmannschaft
Errichtung einer Stiftung für Öko-Grundlagenforschung durch VW	Sponsoring des **Hamburger Derby** durch die Holsten Brauerei
Unterstützung einer Informationskampagne der Drogenhilfe durch IBM	Telekom-Sponsoring der Kunstausstellung P.O.P.
	Forschungspreis von Philip Morris
	Förderung der Video-Kunst durch Sony
	Ökologie-Kunstpreis der AEG

Diese Beispiele machen deutlich, daß Sponsoring als Teil von integrierten Event-Marketing-Konzepten nur dann einen Sinn gibt, wenn es dem aktiven oder informativen Charakter des Event-Marketing entspricht. Damit wird keinesfalls die Bedeutung anderer Sponsoring-Maßnahmen in Frage gestellt.

Anforderung an das Sponsoring für IEM-Konzepte

Sponsoring-Aktivitäten werden aus den unterschiedlichsten Gründen heraus gemacht. Ein wichtiger Aspekt ist zweifellos die Nutzung zur Imagebildung eines Unternehmens. Wenn Sponsoring jedoch ein Teil von IEM-Konzepten wird, dann muß sich der Inhalt entweder dem Gesamtthema unterordnen, oder aber Sponsoring ist Thema des Konzeptes. Hierfür bedarf es einer Reihe spezieller Anforderungen.

Integration des Sponsorings in das Unternehmensimage

Die Kombination von Marken- oder Firmennamen mit dem Sponsorthema muß nachvollziehbar sein. Extrem gesagt: ein Hersteller von Babynahrung, der ein Rock-Konzert sponsert, wäre sicherlich ebenso irritierend wie ein Produzent von High Tech, der sich dem Thema Volksmusik verschreibt. Beide Firmen stehen mit ihrem Markennamen für ein ganz bestimmtes Image bzw. eine spezielle Produktwelt, die derartige Gegensätze nur schwer verkraften würde.

Auswahl der Sponsoring-Themen

Aus dem IEM-Gesamtkonzept muß sich das Sponsoring-Thema bereits ableiten lassen. Dabei hat die Auswahl des Themas weitgehenden Einfluß auf das Marken- und Firmenimage. Eine Untersuchung des SAMPLE Institut GmbH ergab 1992, daß Verbraucher bei unterschiedlichen Sponsorbereichen verschiedene Assoziationen anstellen.

Ein typischer Sport-Sponsor wird demnach als führend, leistungsstark, dynamisch und international bezeichnet.

Sponsoren im Bereich Kultur werden als führend, leistungsstark und Neuerungen gegenüber aufgeschlossen empfunden, die sich für Menschen einsetzen und mit der Bezeichnung „exklusiv" versehen sind.

Der typische soziale Sponsor setzt sich für Menschen ein, ist Neuerungen gegenüber aufgeschlossen, ehrlich, leistungsstark und ebenfalls führend.

Leistungen und Gegenleistungen

In vielen Fällen erstreckt sich die Gegenleistung des Gesponserten auf das jahrelang Praktizierte. Dazu zählen: Firmenlogo auf Plakaten und Eintrittskarten, Programmheft-Anzeigen, Teilnahme an der Pressekonferenz und dergleichen mehr.

In einem Sponsoring, das Teil des IEM-Konzeptes sein soll, muß ein faires Verhältnis zwischen Leistungen des Sponsors und den Gegenleistungen erreicht werden.

Dazu zählt beispielsweise die Einbeziehung des Sponsorings oder der damit verbundenen Persönlichkeiten in die Gesamtstrategie der Kommunikation. Ein Sponsoring, das nicht einbezogen wird, führt ein separates Dasein und gleitet in den Bereich des Mäzenatentums ab.

Hierzu sind klare Vereinbarungen und gegebenenfalls Verträge notwendig, die die Frage des Nutzungsrechtes eindeutig regeln.

Medienwirksamkeit

Ein Sponsoring-Thema für IEM kann nur dann interessant sein, wenn es den Medien eine Nachricht bietet, die nicht nur aus dem Ereignis selbst arbeitet, sondern darüber hinaus auch den Sponsor mit einbezieht. Im Sport-Sponsoring vesucht man dies seit längerem durch die Integration des Markennamens (BMW German Open, Lufthansa Cup etc.).

Dies kann aber auch aus den Themen heraus arbeiten. Die vorher erwähnte SAMPLE-Untersuchung zeigt, daß bei einer ungestützten

Nennung von Unternehmen, die in der Meinung der Befragten Sponsoring betreiben, besonders diejenigen Firmen extrem gut abschneiden, die ihre Aktivitäten miteinander verbinden und konzentriert kommunizieren, so daß die Medien daran nicht vorbeigehen (Pepsi Cola).

Dies setzt aber auch voraus, daß der Sponsor selbst eine Message für die Medien bieten kann. Die Erfahrung hat gezeigt, daß dies in den seltensten Fällen nur die reine Tatsache ist, daß ein Unternehmen dies oder jenes sponsert. Wenn aber damit erwähnenswerte Leistungen des Unternehmens verbunden sind, wie dies zum Beispiel bei Öko-Sponsoring, ergänzt durch eigene Forschungsleistungen sein kann, ist die Chance der Kommunikation über PR erheblich größer.

Sponsoring als kreatives Marketing-Instrument

Sponsoring erwacht nur langsam aus einem Dämmerzustand der Gleichartigkeit. Die Nutzung als kreatives Marketing-Instrument wird zukünftig stärker im Mittelpunkt stehen müssen.

Dazu zählt beispielsweise die Nutzung von Sponsor-Maßnahmen zur Schaffung von Szenerien wie Lifestyle-Gruppierungen.

Ein anderes, noch kaum genutztes Thema ist der Bereich Szenen-Kooperationen, der durch sinnvolle und nachvollziehbare Verbindung des Sponsor-Ereignisses mit verschiedenen Sponsoren gebildet wird. Speziell Kunst- und Kultur-Sponsoring bildet hierbei ein weites Feld.

Diese kreative Nutzung von Sponsorship verlangt eine Verabschiedung von den herkömmlichen Techniken auf beiden Seiten, bei Sponsoren ebenso wie bei den Gesponserten.

Rechtliche Sicherstellung

Die rechtlichen Rahmenbedingungen für Sponsoring werden sich zukünftig weiter verschärfen. Bestimmte Branchen wie z.B. die Zigarettenindustrie werden sich hier einer besonderen Diskussion ausgesetzt sehen. Bei jeder Art von Sponsoring müssen darum diese Aspekte besonders sorgfältig geprüft werden und in Form von abgesicherten Verträgen oder Vereinbarungen fixiert werden.

Ein Beispiel integrierten Sponsorings gibt die Zigarettenmarke L + M von Brinkmann. Der künstlerische Anspruch der Markenkampagne wird gezielt unterstützt durch Sponsoring-Maßnahmen, die diesem Anspruch gerecht werden.

Die P.O.P. Art Show, eine internationale Kunstausstellung, bot sich geradezu an. L + M nutzte diesen Event, um im Rahmen der eigenen Kommunikation eine logische Ergänzung zu finden.

Hier wird die Funktion des Sponsorings innerhalb einer übergreifenden Konzeption deutlich. Sponsoring muß kommunizieren, es ist dabei kein schnelles Medium, sondern benötigt Zeit sowie die Integration.

Und noch ein Beispiel aus der Automobilindustrie: Musik ist das Zauberwort für die Ansprache von jugendlichen Käufergruppen. Musik ist auch die Basis einer integrierten Sponsoraktion von Volkswagen.

1992 sponserte das Unternehmen die Rockgruppe Genesis. Der Slogan **Genesis — presented by Volkswagen** ist zwar hart an der Grenze des Erträglichen, andererseits bildet die Integration des Sponsorships in Kommunikation und Marketing einen verbindlichen Rahmen.

In großformatigen Anzeigen versuchten die Macher, denen bei der Namenskombination wohl selbst nicht ganz wohl war, die Kombination Volkswagen und Genesis zu vermitteln und zu penetrieren. Doch damit nicht genug; das Sponsoring ist auch Hintergrund für produkttechnische Kunststücke: Volkswagen präsentierte die Sondermodelle Polo Genesis und Golf Cabrio Genesis in limitierten Stückzahlen.

Zwar ist die Namenskombination eher heikel, die Durchführung jedoch geradezu vorbildlich. Die Investition in eine weltbekannte Rockgruppe wird auf allen Kommunikations- und Marketingschienen nachvollzogen und bildet die Basis einer zeitlich begrenzten, integrierten und aktiven Kommunikations-Strategie.

Der Bundesgesundheitsminister: Rauchen gefährdet Ihre Gesundheit. Der Rauch einer Zigarette dieser Marke enthält 0,9 mg Nikotin und 13 mg Kondensat (Teer). (Durchschnittswerte nach DIN)

Kampagne mit künstlerischem Anspruch, Voraussetzung für integriertes Kunstsponsoring.

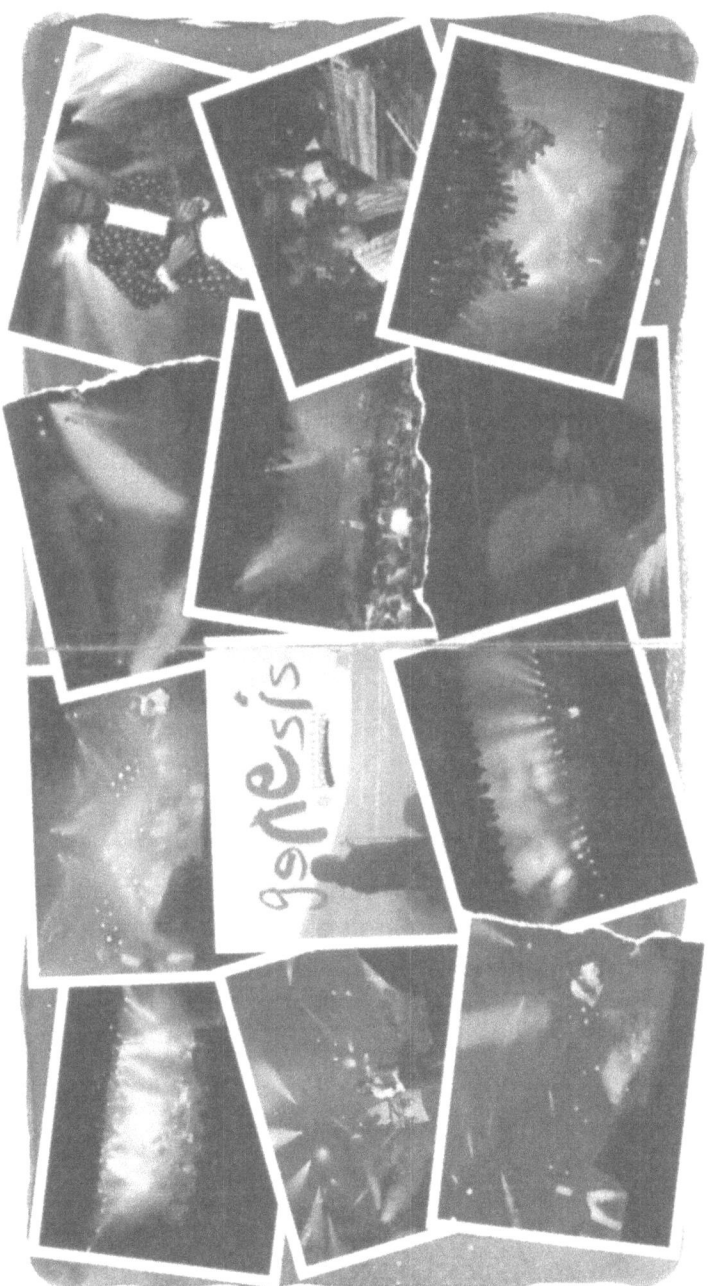

Die beste Verbindung von Wolfsburg und Woodstock.

„Die beste Verbindung": Integriertes Sponsoring von VW.

115

Die Beispiele zeigen, daß gezielt eingesetztes Sponsoring einen realen kommunikativen Effekt hat. Jedes Unternehmen, das sich in Sponsoring engagiert, sollte demnach von Anfang an klarstellen, ob dieses Engagement mehr im reinen Mäzenatentum angesiedelt sein soll oder ob es Basis komplexer Strategien sein soll.

Special Events

Die Keimzelle des Begriffs Event-Marketing ist die Veranstaltung in ihren unterschiedlichsten Formen, der Special Event.

Jeder Marketingverantwortliche hat ausgeprägte Erfahrungen damit, und ein Heer von kreativen Dienstleistern widmet sich der Gestaltung von Events aller Art, als da zum Beispiel sind:

- Produktpräsentationen,
- Händlerveranstaltungen,
- Verbrauchershows und -präsentationen,
- Pressesymposien,
- Medien-Treffs,
- VIP-Veranstaltungen,
- Außendiensttagungen,
- Messen und Ausstellungen.

An dieser Stelle soll es mehr um die Betrachtung der Einbeziehung von Special Events in übergreifende Strategien gehen, wobei der Begriff Event einige neue Inhalte und Variationen bekommt.

Ein Beispiel soll auch dies verdeutlichen:

Die Sony Deutschland führte 1992 eine neue Fernseherlinie ein, die das Produktfeld der sogenannten **Black-Trinitron**-Fernseher des Unternehmens erweitern sollte.

Die neuen **High Black Trinitron** boten auf Grund ihrer schwarzen Bildröhre ein Höchstmaß an Kontrast und Bildqualität. Sony nutzte die Themenkombination von Farbe, Form und Musik für eine ungewöhnliche Event-Kampagne.

116

In 12 Städten ließen die Verantwortlichen das **Black Magic Theatre** auftreten, welches in seinen Darstellungen versuchte, die imaginäre Welt der Wahrnehmung auszudrücken.

Eingebunden war diese Performance in eine Gesamtstrategie, die klassische Kommunikation wie Funk- und Printwerbung genauso enthielt wie gezielte Promotions beim Fachhändler.

Diese ungewöhnliche, aber themengerechte Präsentation brachte den Sony-Machern eine Fülle von PR-Resonanz.

Der Special Event als Mittelpunkt oder begleitende Maßnahme einer übergreifenden Konzeption verlangt nach einer Ausweitung des Althergebrachten. Im Mittelpunkt stehen dabei das Ziel sowie das Gesamtthema einer Kommunikations-Maßnahme, so, wie es das Beispiel Sony zeigt.

Experten prägten dafür einen neuen Begriff: **Infotainment.** Information auf eine unterhaltsame Art vermittelt, eine Kombination, die beim Empfänger die Bereitschaft zum Dialog ermöglicht und erleichtert.

Der Reifenhersteller FULDA forcierte Zusammenarbeit und Umsatz mit den Fulda-Reifenhändlern durch einen Event, der regionale Besonderheiten berücksichtigte. Bei allen großen Fulda-Händlern in rund 50 Städten wurde ein Rock'n-Roll-Festival durchgeführt. Der Händler konnte dieses Ereignis für seine ganz individuelle Kundenansprache nutzen und über entsprechende Werbemaßnahmen vorbereiten.

Zielgruppe waren die **18- bis 60jährigen** so die durchführende Agentur, wobei das Thema **Rock'n Roll** diesem breiten Altersspektrum sicherlich entgegenkam. Ganz nebenbei diente die Aktion auch noch zum Aufbau einer umfangreichen Database.

Die Liste solcher Beispiele kann beliebig fortgesetzt werden, ja, dokumentiert bereits wieder einen Trend, der häufig zur Überforderung der Zielgruppen führt.

Besonders auf Messen wird der Besucher mit einer Fülle dieser Maßnahmen konfrontiert, so daß letztlich der ernsthafte Interessent abgeschreckt wird und die Infotainment-Center der Messestände nur noch zu Oasen für fußgestreßte Besucher werden.

Die Einbeziehung von Events in Gesamtstrategien wird aber immer zu einer Aktivierung und Dramatisierung des Themas beitragen. Die Art und Weise der Einbeziehung kann diese Effekte steuern.

Special Events als Strategie-Basis

Kommunikations-Strategien, die sich auf Special Events aufbauen, sind eher die Seltenheit und siedeln sich meistens im Bereich der begleitenden Seitenstrategien einer Marke an.

Die Zigarettenmarke West, zum Beispiel, peilt mit ihrer Aktion **West Fan Concert** jugendliche Zielgruppen an. Über Anzeigenwerbung in Jugendzeitschriften werden dabei Fans einer bestimmten Musikgruppe gesucht, die erstklassig begründen können, warum gerade sie das Recht haben, mit **ihrer** Gruppe eine Party zu erleben.

Diese Party ist Mittelpunkt der Kommunikation und stellt den Anreiz dar, sich zu bewerben. Die von einer Jury ausgewählten Teilnehmer erleben ihre Musikgruppe live, haben im Rahmen einer Talkshow Gelegenheit zum Dialog und sind verbunden über ein Ereignis, das ausschließlich für sie inszeniert wird.

Für West ist dies eine Seitenstrategie, um junge Erwachsene individueller ansprechen zu können.

Events als Strategie-Unterstützung oder -Begleitung

Wohl die größte Anzahl der heute durchgeführten Special Events hat die Aufgabe, Strategien zu unterstützen und bestimmte Teilziele zu realisieren. Dabei handelt es sich oft um spektakuläre Ereignisse.

Im Rahmen der Einführungsstrategie für den neuen Golf setzte die Volkswagen AG im Herbst 1991 auf ein solch spektakuläres Ereignis. Rund 23000 VW Händler aus ganz Europa wurden innerhalb von drei Wochen durch eine Veranstaltungsserie geschleust, um an der Vorstellung des neuen Fahrzeugs teilzunehmen.

Rund um die Autos lief täglich eine gigantische Show ab. Die Präsentation der neuen Modelle war gewürzt mit broadwaygerechten Tanzszenen, Multimedia-Effekten und technischen Show-Raffinessen. Aus gleißendem Licht und wogenden Nebelwolken erschien schließlich der Star, das neue Volkswagenmodell.

Die eigentliche Show wurde begleitet von Ausstellungen zu Einzelthemen, beispielsweise zu Verkehrssicherheit oder Recycling.

Im Konzert der großen Modellpräsentationen, die die Automobilindustrie durchführt, schlug diese Veranstaltung alle Rekorde und war der Startschuß zur folgenden Einführungskampagne des VW Golf.

Es geht jedoch bei Special Events beileibe nicht darum, wer das meiste Geld investiert und die spektakulärste Show inszeniert. Dies kann unter Umständen sogar ins Gegenteil umschlagen. So tauchte zum Beispiel nach der VW-Veranstaltung in einigen Medien der herablassende Begriff **Wolfsburger Komödienstadl** auf. Entscheidender als Budgetgröße sind mit Sicherheit die Kreativität und die Eigenständigkeit eines Special Events.

Ein Münchener Verlag versuchte im Rahmen der Anzeigenkundenbindung etwas Außergewöhnliches und lud Entscheidungsträger der Industrie zu einem **Survival** ein. Dieses Überlebenstraining wurde von einem Fachmann durchgeführt, nahm natürlich nicht militärisches Ausmaß an, sondern hatte vor allem das Ziel, den Teilnehmern etwas Außergewöhnliches zu bieten, sie mit den Adressaten auf emotinaler Ebene stärker zu verbinden.

Special Events dieser Art — zumal wenn sie, wie hier, in eine Kundenbindungs-Strategie eingebunden sind — verschaffen einen hohen Erinnerungswert, der, sofern der Event positiv war, langfristig wirkt.

Public Relation

Die Betrachtung von Public Relations als Medium für IEM soll mit einem Zitat von Günter F. Thiele, einem der profiliertesten PR-Spezialisten, beginnen:

PR sind Kommunikationsmanagement. Sie steuern den Prozeß der Meinungsbildung bei allen Teil-Öffentlichkeiten. Dies geschieht durch den strategisch geplanten und gezielten Einsatz aller relevanten Kommunikationsmittel.

Hier wird bereits deutlich, daß PR heute weit mehr ist als der Satz **Tu Gutes und rede darüber.** Für den Bereich der kommerziellen Kommunikation könnte stehen: **Tu Spektakuläres und laß darüber reden.**

Die Funktion der Public Relation ist vielseitig, bedarf aber dennoch in vielen Unternehmen einer Erweiterung:

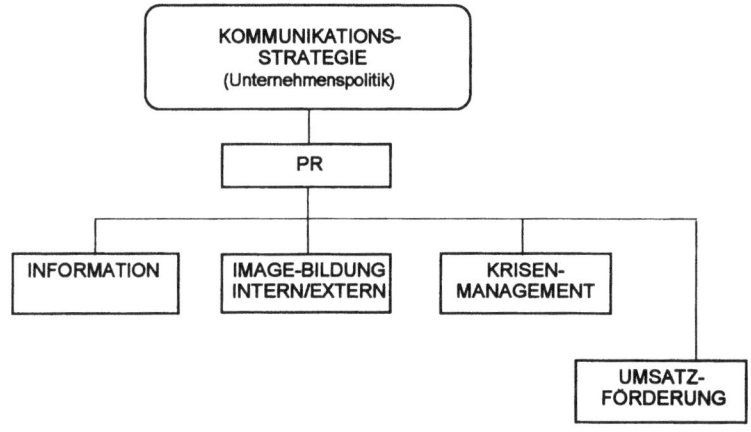

Die Einbeziehung der Public Relation als umsatzförderndes Instrument in eine Gesamtstrategie ist ein Muß für jedes Event-Konzept.

Im Idealfall bieten bei dieser Kombination Event und PR den Medien eine die Öffentlichkeit interessierende Nachricht.

Beispiel:

Fact	Nachricht
Unternehmen X sponsert die Tournee von Y	Unternehmen X übernimmt im Rahmen des Tournee-Sponsorings für Y die Ausstattung der Veranstaltungen mit technologisch neuartigen Geräten. Diese neue Technologie bietet . . .
Kein Nachrichten-Wert	Hoher Nachrichten-Wert durch Einzigartigkeit.

Der Wert einer Nachricht muß damit bereits bei der Konzipierung einer Event-Strategie Berücksichtigung finden. Inhalt des Events und Nachrichtengehaltes müssen sich ergänzen und in direktem Zusammenhang stehen. Je interessanter und spektakulärer diese Nachricht ist, um so größer wird natürlich der PR-mäßige Effekt sein.

Jeder PR-Profi wird diese Sätze als Basiskenntnis milde belächeln, und dennoch ist die optimale PR-Auswertung von Kommunikations-Strategien heute eher die Seltenheit.

Der Grund liegt bei den meisten Unternehmen in Organisations-strukturen. Öffentlichkeitsarbeit untersteht überwiegend der Geschäftsleitung und ist damit ein gutes Stück entfernt vom Alltag der Marketing- und Vertriebsapparate. Nur in den seltensten Fällen werden PR-Fachleute schon in der Konzeptionsphase der kommunikativen Maßnahmen mit einbezogen.

Dies ist aber ein absolutes Muß. Nur Spezialisten können beurteilen, in welchem Ausmaß eine Nachricht wirkt und wie die Medien sie verarbeiten können. Und nur der Spezialist wird läppische Pseudo-Meldungen vermeiden helfen können.

Andererseits muß auch beim Spezialisten die Bereitschaft vorhanden sein, neben der mehr imagebildenden Unternehmens-Kommunikation in die **Niederungen des Daily Business** hinabzusteigen.

Dieses Zusammenspiel führt dann zu Formen, die von vielen PR-Abteilungen heute nur sehr unvollkommen genutzt werden.

Medien-Kooperationen

In einer Zeit, in der die Medienlandschaft dem Leser, Hörer oder Betrachter unglaublich viele Optionen bietet, sind die Medien selbst in hohem Maß daran interessiert, ihre Bedeutung abzusichern und zu steigern. Überdies haben die privaten Anbieter im Bereich der elektronischen Medien die Spielregeln verändert. Das Ergebnis ist eine relativ starke Öffnung in Richtung Industrie, die neben der bezahlten Mediawerbung durchaus auch die Kooperation im redaktionellen Bereich umfaßt.

Zwei Beispiele sollen dies verdeutlichen:

Der in Kapitel II ausführlich dargestellte Musik-Nachwuchswettbewerb **UX-S Talent Award** von Sony bezog nicht nur direkte Kommunikationspartner aus dem Medienbereich mit ein, sondern er reizte auch völlig unbeteiligte Medien mit Teilkooperationen.

Eine solche Teilkooperation wurde mit der größten Sonntagszeitung, der Bild am Sonntag, eingegangen. Unter der Überschrift „Wählen Sie die Pop-Stars von morgen" forderten **BamS** und Sony die Leser auf, Demo-Cassetten anzufordern und die Gewinner des Wettbewerbs mitzubestimmen. Als Preis winkte eine Party mit Live Bands. Das Ganze, wohlgemerkt, wurde im redaktionellen Teil publiziert. Der Effekt ist natürlich eine höhere Aufmerksamkeit, verbunden mit gesteigerter Glaubwürdigkeit.

Eine Vielzahl solcher Kooperationen findet im Sportbereich statt. Zur Fußball-Europameisterschaft 1992 präsentierten die Sport-Zeitschrift **Sport Bild** und **Philips Consumer Electronics** eine Sonderbeilage, die die wichtigsten Teilnehmer der EM darstellte. Im Innenteil war Philips auf sehr intelligente Weise mit Werbung präsent und konnte damit die Brücke zur redaktionellen Einbindung schlagen.

Medien-Kooperationen der beschriebenen Art werden zukünftig ein hohes Gewicht haben. In vielen Fällen sind sie keine eigentliche

PR-Arbeit, da einige Verlage sich diese Art der Zusammenarbeit honorieren lassen. Andererseits schlagen sie in Aussagekraft und Glaubwürdigkeit die klassische Media-Werbung um Längen.

PR-Events

Eine ganze Reihe von Events wird ausschließlich für PR-Zwecke inszeniert. Ein gutes Beispiel bildet der PR-Event der Kölner Fordwerke.

Der Aktionskünstler H.A. Schult schuf 1990 mit dem **Goldenen Vogel** ein spektakuläres Kunstobjekt. Dieses war ein Ford Fiesta PKW, der mit überdimensionierten Flügeln versehen war und nach einer Kunstperformance seinen endgültigen Platz auf einem Gebäude in der Kölner City fand.

Das unterschiedliche Empfinden für Kunst löste in Bezug auf dieses Objekt heftige Diskussionen aus, die der Marke Ford jedoch keineswegs schadeten, ja ihr sogar einen kräftigen Imagegewinn als kunstförderndes Unternehmen einbrachten.

Die Berichterstattung in den Medien war ausführlich und wohltuend, schließlich bezog Ford das **Denk Mal** auch in eine kleine Werbeanzeige ein.

PR-Events bergen jedoch eine Reihe von Risiken. Allzu leicht wird die Absicht durchschaut, sehr oft ist der Zusammenhang zwischen Event und Unternehmen nur sehr mühsam nachzuvollziehen oder das Thema zu einseitig kommerziell. Medien, zumal in Deutschland, reagieren dann empfindlich oder gar nicht.

Für welchen Weg man auch immer sich entscheiden mag, die Einbeziehung von Public Relation in Event-Konzepte ist ein absolutes Muß. Sie macht die Einbindung von PR-Spezialisten bereits bei den ersten Entwicklungsstufen notwendig.

Die große Nachwuchs-Aktion von Sony und BamS

Wählen Sie die Pop-Stars von morgen!

Von DAGMAR VELAND – allemweltbewerb? Geden neuesten unter Ausgebnuß der breiten Öffentlichkeit statt. Jurys bewerten, was den Fans gefällt. Jetzt können die BamS-Leser einmal Jury spielen. Zusammen mit Sony suchen wir den deutschen Popmusiktrend von morgen!

Ob Rhythm & Blues, Techno, Hip-Hop, Soul oder Heavy metal – was tänt künftig aus Radios und Lautsprecherboxen? Welche Band bringt Bewegung in die Szene? Wer verdient Talentförderung bis hin zum Plattenvertrag. Glücklich ist, wer da sein Wörtchen mitzureden hat und mit entscheidet, wer eine Starthilfe in die Musikkarriere bekommt – durch Geldpreise, Studioproduktionen, Promotion- und Marketingberatungen und Live-Acts.

Und so müssen Sie mitmachen

Die Suche funktioniert so. Der erste Sampler mit zehn Newcomern auf Kassette ist schon fertig. Wer jetzt eine Postkarte an Sony UX-S, Stichwort „Talent Award '92", Postfach, 4120 Korpen 1, schreibt, bekommt postwendend ein Exemplar davon. Und dann?

● 1. Den Sampler ganz anhören. ● 2. Den Titel heraussuchen, von dem Sie glauben: Das ist der Trend von morgen. ● 3. Zum Telefon greifen und 030/190 61 wählen. ● 4. Die Kennummer Ihres Favoriten sowie Ihren Namen und Ihre Adresse angeben. ● 5. Mit etwas Glück gewinnt Zum Beispiel eine von fünf Wochenendreisen für zwei Personen nach Köln im Wert von 1500 Mark. Im Rahmen der Messe „Popcomm"

(20.–23. August) sind Sie dann eingeladen, feiern auch eine Party mit Live-Bands im Kölner Stadtgarten – oder andere kleine Preise. ● 6. Gegen Ende Juni erhalten Sie automatisch den Sampler „Volume 2" mit der Musik von neun Nachwuchstalenten nach einmal nähren und erzählen. Das bedeutet auch eine neue Gewinnchance.

Bis zum 15. Juni können sich eine Band, die noch keinen Plattenvertrag, aber einen festen Wohnsitz in Deutschland haben, mit Kassette, Schallplattenhülle und Fotos bewerben (bitte an Sony UX-S, Rottersdorfer Straße 6, 6600 Wuppertal, einsenden.) Also: Lauscher aufgestellt und mitmachen. Viel Spaß!

Medien zeigen Interesse an interessanten Themen.

Sport Bild und **PHILIPS** CONSUMER ELECTRONICS **präsentieren**

DIE SUPER-STARS DER EM '92

Alle Mannschaften,
die großen Duelle und ein Ausblick
von Franz Beckenbauer auf die
Europameisterschaft in Schweden

„Goldener Vogel" von HA Schult. Kölnisches Stadtmuseum. Foto: Thomas Höpker.

DENK MAL FIESTA.

Ford

PR-Inszenierung von Ford.

126

IV.
Es ist Zeit für neue Konzepte

Die Fachzeitschrift W + V veröffentlicht regelmäßig unter der Rubrik **Consumer's Corner** die Meinung von Umworbenen zum Thema Werbung. In dieser Rubrik stellte der Münchener Literaturkritiker Dr. Toni Meissner fest:

Werbung ist freilich nicht immer quälend, bestimmte Spots gefallen mir ganz gut . . . . Doch da stocke ich auch schon, weil mir die Namen nicht einfallen. Könnte es nicht sein, daß die Werbekunst immer mehr zur L'art pour L'art tendiert? Mich stört das nicht. Aber die, die dafür bezahlen?

In der Tat, es ist Zeit für neue Konzepte. Eine der wichtigsten Forderungen für die Zukunft muß lauten: nicht mehr der Werbedruck ist entscheidend, sondern die Kreativität des Dialoges mit dem Umworbenen. Sie wird den Erinnerungswert und die Sympathie mit einem Produkt bestimmen.

Die heute vielfach praktizierte Form, Teile der klassischen Werbung punktuell durch Direkt-Marketing oder andere Medien zu ersetzen, bleibt langfristig nur Stückwerk.

Am Ende wird die massive Mittelkonzentration durch integrierte Konzepte stehen. Davor ist jedoch eine mentale Neuorientierung der verantwortlichen Entscheidungsträger notwendig, die begleitet wird von einer Organisationsform, die den veränderten Voraussetzungen des Marktes gerecht wird.

IEM und seine Möglichkeiten

Faßt man die in diesem Buch dargestellten Bereiche unter dem Begriff **Integriertes Event-Marketing** zusammen, so stellt sich die Frage, welche strategischen Möglichkeiten IEM bietet.

Das folgende Portfolio versucht, die verschiedenen Kommunikationsmöglichkeiten nach Wirkungsweisen zu strukturieren:

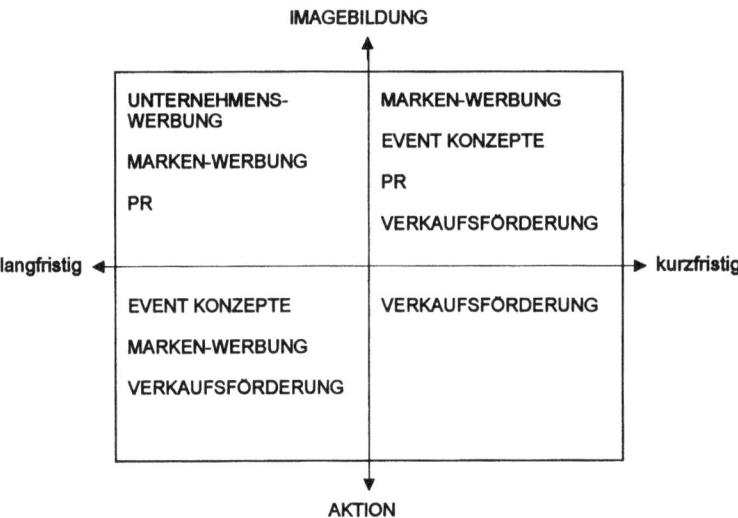

IEM ist weder ein Medium, das langfristig imagebildend wirkt, noch liegt seine Stärke im kurzfristig wirksamen Aktionsbereich. Es kann in diesen Feldern bestenfalls unterstützend eingesetzt werden.

Die Stärke des IEM liegt vornehmlich in zwei Bereichen:

1. Überall dort, wo langfristige Image-Kommunikation durch Teilstrategien deutlich unterstützt werden kann oder wo Sonderaufgaben wie die Ansprache eines Teilsegmentes anfallen.

2. Immer dann, wenn es darum geht, mit identifizierten Szenerien im Rahmen einer umfassenden Strategie aktiv in den Dialog zu treten.

Insbesondere der zweite Bereich wird zukünftig unter den eingangs geschilderten Voraussetzungen immer größere Bedeutung erlangen, und dies aus zwei Gründen:

128

1. Bereits heute ist klar zu erkennen, daß sich viele Unternehmen in ihrer Kommunikation auf unterschiedlichste Teilsegmente einrichten, welche durch ihre Massenwerbung nicht abgedeckt werden. Diese **Nebenschauplätze** besitzen ihre ureigensten Spielregeln und verlangen nach individuellen Marketingmaßnahmen.

   Die Anzahl der heutigen **Nebenschauplätze** wird zukünftig sprunghaft ansteigen und sich zu dem ausprägen, was wir immer wieder mit Szenarien umschrieben haben.

2. Wertevorstellungen und Verhalten von Szenarien ändern sich, wie wir festgestellt haben. Der — im übrigen zunehmend altersgruppenunabhängige — Wechsel von einem Szenario ins nächste wird zum ständigen Prozeß.

Langfristig ausgelegte Image-Werbung, die heute noch auf fixierte Zielgruppen ausgelegt ist, kann diesen Prozessen nicht so rasch folgen und wird der Entwicklung ständig hinterherhinken. Flexible Event-Konzepte dagegen können diesen Bewegungen sehr viel schneller folgen, ja, sie sogar selbst initiieren.

In einer Projektstudie zur Freizeitforschung kommt das B.A.T.-Freizeitforschungsinstitut unter anderem zur folgenden Erkenntnis: **Der Freizeitmensch von morgen braucht für sein Wohlbefinden ein gewisses *Reizoptimum,* um dem Gefühl der Langeweile zu entgehen.** Die Studie zeichnet das Bild eines erlebnishungrigen Freizeitmenschen, der nicht nur viele Optionen hat, sondern sie auch für sein Wohlbefinden benötigt.

In diesem Umfeld werden klassische Marken- oder Unternehmenskampagnen zunehmend die Hilfe von aktiven Erlebnisstrategien benötigen.

Die Grafik der nächsten Seite verdeutlicht das Zusammenspiel konventioneller Maßnahmen mit integriertem Event-Marketing. Und sie verdeutlicht die Notwendigkeit einer Vernetzung all dieser Einzelkomponenten.

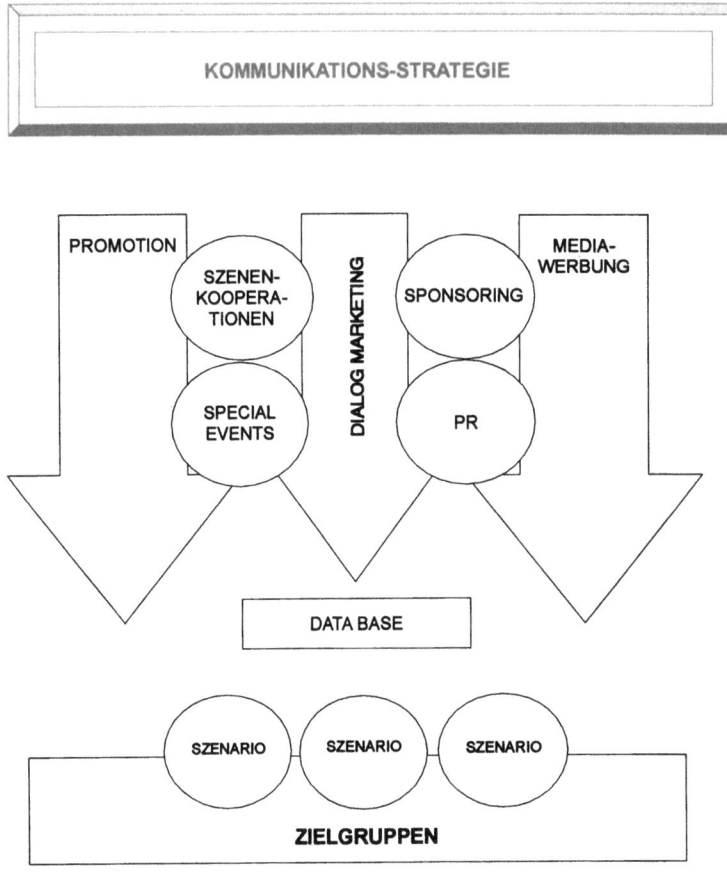

Konzentration des Mittel-Einsatzes

Der Marketingleiter eines großen Unternehmens im Bereich der Konsumgüter seufzte unlängst im Verlauf eines Gespräches: **Ich habe ein Jahresbudget von 60 Millionen DM, aber in Wirklichkeit bleiben mir nur wenig aktive Investitionsmöglichkeiten.**

Auf ungläubige Rückfragen stellte sich heraus, daß unter der Marke des Unternehmens viele Produktgruppen vertreten waren, die alle unterschiedliche Kommunikationsschwerpunkte hatten. Das Bild, welches sich zeichnete, sah so aus:

130

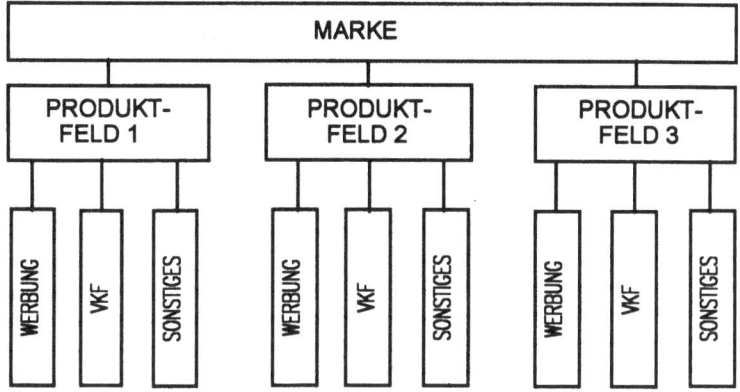

Die Folge war eine Aufsplittung des Budgets in viele kleine Teilbudgets. Die Kraft für aufmerksamkeitsstarke Kommunikationspräsenz wurde buchstäblich auseinanderdividiert.

Die Zielsetzungen des Unternehmens waren vielschichtig: Zum einen wollte man die Marke stärken, zum anderen die Ziele jedes einzelnen Produktbereiches penetrieren, und plötzlich reichten die Mittel nicht mehr.

Was würde geschehen, wenn dieses Unternehmen die Möglichkeiten des IEM nutzen würde? Das Bild der Gewichtung könnte dann vielleicht folgendermaßen aussehen:

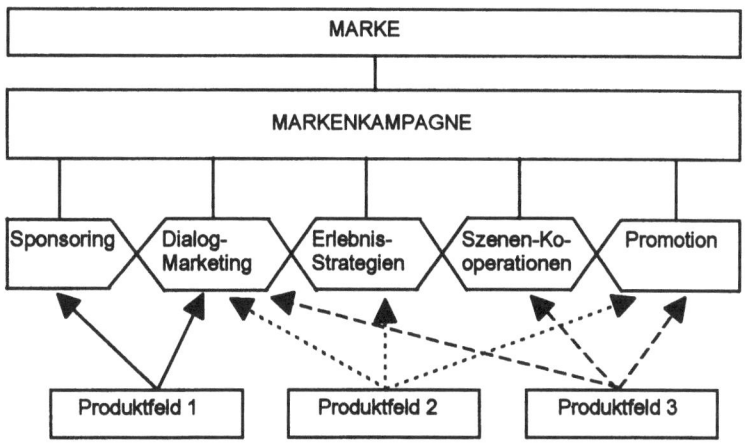

Nur ein Beispiel, doch durchaus denkbar. Die Folge wäre eine Mittelkonzentration für die Marke, während die Produktfelder davon profitieren und ihre eigenen Ziele wesentlich konzentrierter realisieren.

Noch konsequenter wäre die zeitliche Konzentration, d.h. komplexe und integrierte Schwerpunktkonzepte für die Produktfelder in zeitlicher Reihenfolge.

Wie auch immer, die Kosteneffizienz von IEM ist unbestritten und bildet damit eine ideale Möglichkeit, Budgetaufsplittungen entgegenzuwirken.

Neue Chancen für Marketing und Agenturen

Was würde geschehen, wenn Kreative, Kontakter und Kundenberater der Werbeagenturen mit ihrem persönlichen Honorar am Markterfolg ihrer Kunden beteiligt wären? Wären die Agenturempfehlungen für Inhalte, Medien und Kampagnen die gleichen wie zuvor? Man mag es in vielen Fällen stark anzweifeln.

Es sind die Fälle, in denen der klassischen Massenwerbung hohe Professionalität unterstellt wird, während die sogenannten **Below-the-Line**-Aktivitäten eher suspekt sind, zumal sie weniger Honorar einbringen.

Es sind die Fälle, in denen immer wieder die gleichen Schubladen geöffnet werden, ohne Rücksicht auf dynamische Marktprozesse und innovatives Marketing-Denken.

Es sind die gleichen Fälle, in denen Spezialisten vor allem für Werbe-Awards produzieren.

Sie alle sind verantwortlich für das, was sich mehr oder weniger aufdringlich durch die Werbelandschaft quält und zu guter Letzt doch nicht viel bewirkt.

Es ist dies jedoch auch das Problem der Marketingabteilungen und der Verantwortlichen der Werbungtreibenden. In den üppigen 80er

Jahren stand die Effizienzkontrolle der Werbeausgaben oft zurück, wurde durch Sicherheitsdenken im Entscheidungsstadium ersetzt.

Zum Beginn der 90er Jahre sind Umdenkprozesse zu erkennen. Große Werbeagenturen gehen dazu über, Fachagenturen unter gleichem Dach zu etablieren, für Direkt-Marketing, Sponsoring, PR oder Sales Promotion. Dies ist ein erster Schritt, doch auch der wird für die Zukunft nicht ausreichen.

Das Hauptproblem in einer wirklich konstruktiven Zusammenarbeit zwischen Werbeagenturen und Werbungtreibenden liegt in der deutlichen Trennung zwischen dem strategischen Marketing und der Werbung.

Natürlich, es gibt sie, die umfangreichen Agenturbriefings mit ausführlicher Marktbeschreibung und Prognosen. Doch zu guter Letzt werden die kreativen Umsetzer allein gelassen. Grundsätzlich gilt in der Zusammenarbeit immer noch: strategisches Marketing ist Sache des Produkt- und Marketingmanagements, die werbliche Umsetzung fällt der Werbeagentur zu.

Die Zukunft wird veränderte Modelle erforderlich machen. Dazu gehört:

- die Etablierung bzw. Verstärkung der strategischen Unterstützung im Marketingbereich,

- die Einbeziehung von Spezialisten bzw. Spezialistenbereichen in ein Kundenteam.

Auf der Seite der werbungtreibenden Industrie wird man sich fragen müssen, ob das Produktmanagementsystem zukünftig noch allen Anforderungen entspricht und ob Funktionen wie Werbe- und Promotionleitung noch zeitgerecht sind.

Anstelle dieser Strukturen, die in den 70er und 80er Jahren ihre Berechtigung hatten, wird das Markt-Management treten müssen. Es wird nicht unbedingt Universalisten erfordern, jedoch Markt-Manager, die die ihnen anvertrauten Märkte und Szenarien durch und durch miterleben und aus diesem Erleben heraus Produkte, Trends und Kommunikation kreieren.

Die Zusammenarbeit zwischen Agenturen und Industrie wird natürlich immer den jeweiligen Notwendigkeiten entsprechen, könnte sich dann aber in ihrer Grundstruktur so etablieren, wie es die folgende Grafik zeigt:

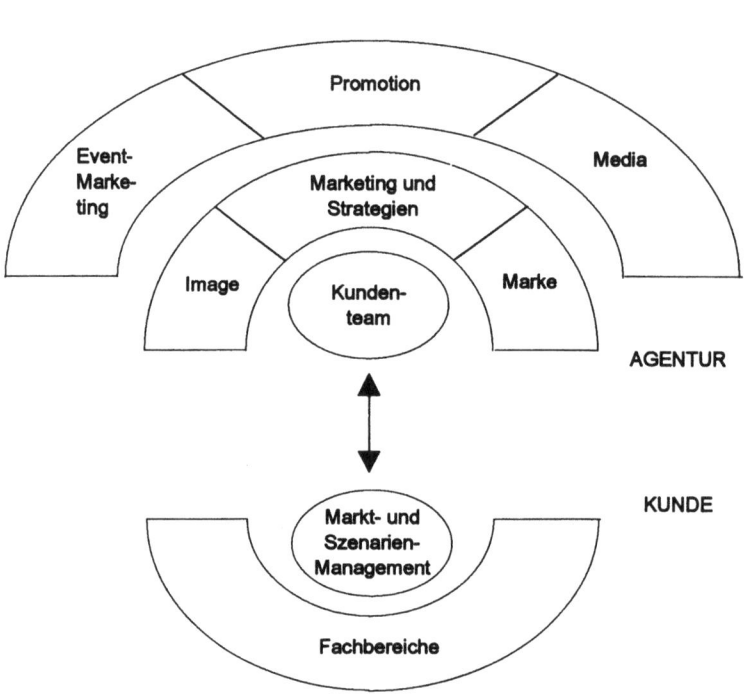

ZUSAMMENARBEIT
WERBEAGENTUR - WERBUNGTREIBENDER

Mit einem Wort: integrierte Kommunikation verlangt nach

- stärkerer Einbindung in die grundsätzlichen Strategien eines Unternehmens,

- Integration des Spezialistentums von Beginn an,

- absoluter Ausrichtung auf den Markt und seine Entwicklung.

134

Es geht nicht mehr darum, die beste Kommunikation zu machen, sondern die wirksamste. Dies wird einiges an Mut bei den Beteiligten erfordern. Schnellebige Marktszenarien warten nicht, bis die Marktforschungsexperten sie ausgelotet haben, und Entscheidungen können sich nicht immer auf gefestigte Daten beziehen.

Der Typus des Markt-Managers ist darum eher der eines risikofreudigen Unternehmers als der eines vorsichtig taktierenden Technokraten.

Die Wende in der Erfolgskontrolle?

Zu Beginn der 90er Jahre, als immer mehr private TV-Sender einen wahren TV-Werbe-Boom nach sich zogen, wurde erstmals das ganze Dilemma, in dem sich Marktforschung und Erfolgskontrolle zukünftig befinden könnten, deutlich.

Die Vielzahl der Möglichkeiten, die Zunahme der Umschalt- und inneren Abschaltquoten (und Einschlafquoten) sowie die veränderten Freizeitgewohnheiten stellten hinter die Leistungsdaten der Sender ein großes Fragezeichen.

Und plötzlich war alles in Frage gestellt. Die Printmedien versuchten, mangelnde Effizienz der TV-Werbung nachzuweisen. Die Sender wiederum legten Daten vor, nach denen gerade die Wirkung von Printmedien verbesserungsfähig wäre.

Das, was sich hier an Ratlosigkeit abzeichnete, kann sehr schnell zum generellen Problem werden. Denn wenn sich der Konsument der Zukunft immer schneller immer anders verhält, dann wird ein Segment, wenn es denn endlich richtig durchleuchtet wäre, möglicherweise längst verändert sein.

Erhebungen, Befragungen, Imagemessungen oder Copy-Untersuchungen, das alles braucht Zeit, besonders dann, wenn es in die Tiefe gehen soll. Am Ende stehen oft künstliche Laborsituationen, in denen der Konsument und seine Reaktionen bestenfalls vermutet werden.

Integriertes Event-Marketing gestattet dem Marktforscher sehr viel schnellere und direktere Erfolgskontroll-Möglichkeiten, die in erster Linie der Kosten/Nutzen-Relation gelten, aber auch Aufschlüsse über langfristige Meßfaktoren zulassen.

Jede Form von direktem Dialog-Marketing beinhaltet Response-Mechanismen, welche unmittelbar Auskunft geben können zu den unterschiedlichsten Kriterien. Verbunden mit anderen Möglichkeiten, wie Telefonmarketing, Day After Recalls oder kurzfristigen Befragungen lassen sich Ergebnisse festhalten, die keine **Einmal-Situation** widerspiegeln, sondern in ständige Auswertungen übergehen.

Dies ist für Szenen-Management eine unverzichtbare Voraussetzung, um Veränderungen sofort nachvollziehen zu können. Effizienz-Kontrolle muß zum fließenden Prozeß werden, der durch langfristig angelegte Untersuchungen ergänzt wird.

Das Bild, das sich abzeichnet, sollte ein möglichst präzises sein. Gerade die Konzentration auf Segmente und Szenarien kann durch ungenaue Forschungsergebnisse und die dadurch verursachten Kommunikations-Irrtümer zum Desaster werden.

Bei Szenen-Marketing empfiehlt sich die Etablierung eines **Szenen-Panels.** Dieses Panel kann nach verschiedenen Kriterien organisiert sein, muß aber in der Zusammensetzung exakt dem Szenario entsprechen. Durch eine Gruppierung des Panels können die Intensität und das Ausmaß der Untersuchungen gut gesteuert werden, wie es das folgende Beispiel zeigt:

SZENEN-PANEL

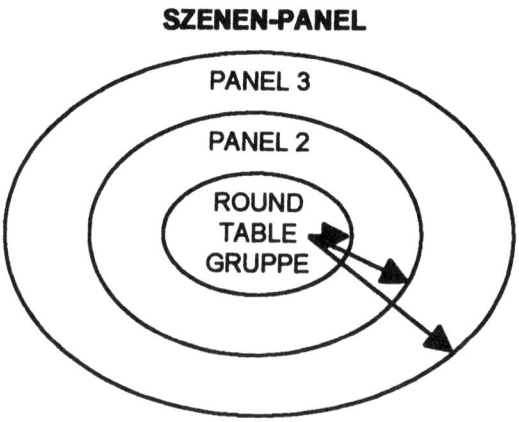

Panel	Verfahren	Ziel
Round Table Gruppe	Diskussionen	qualitative Pre- und Post-Befragung
Panel 2	Telefon- und Datenbank	quantitative und qualitative Befragung
Panel 3	Erhebungen	quantitative Untersuchungen und Messungen

Es sollte durchaus möglich sein, daß die Round-Table-Gruppe sowie Panel 2 durch das Unternehmen selbst gesteuert werden. Im Fall der Round-Table-Gruppe ist dies sogar unerläßlich, denn gerade hier sollten sich — bei richtiger Zusammensetzung der Gruppe — im Vorfeld der Aktivitäten die interessantesten Erkenntnisse ergeben.

Handelseinbindung ohne Reue

Im Konsumgüter-Marketing ist der Handel längst zur festen Größe geworden. Bedingt durch die fortschreitende Unternehmenskonzentration beginnen Handelsunternehmen mehr und mehr die Initiativen zu übernehmen, und dies nicht nur im Promotion-Bereich.

Die Industrie reagiert mit der verstärkten Etablierung von Handelsmarketing-Bereichen und schoß mit dem Versuch, **kundenexklusive** Aktivitäten zu entwickeln, letztlich ein Eigentor. Große Handelsunternehmen haben längst ihre eigenen Vorstellungen, und die viel zitierte Partnerschaft endet spätestens bei den finanziellen Agreements. Benötigt werden zukünftig Konzepte, die der Industrie ein gleichgewichtiges Mitspracherecht sichern.

Andererseits haben Großunternehmen des Handels ein vitales Interesse an aktiven Strategien und sind durchaus bereit, dann auch eigene Leistungen einzubringen.

Die Konsequenz liegt auf der Hand: Absprachen müssen schon im Vorfeld der konzeptionellen Ausarbeitung von Aktivitäten stattfinden. Integriertes Event-Marketing wie Sponsoring oder Szenen-Kooperationen bieten dafür gute Voraussetzungen, geht es doch hier um attraktive Strategien, die auch lokale Umsetzungsmöglichkeiten anbieten.

Was der Handel aber wirklich erwarten wird, sind gemeinsame Maßnahmen übergreifender Art, angefangen von der Sortimentspolitik bis hin zu Werbung und Verkaufsförderung.

Bei dieser Erwartung unterstützt ihn noch ein weiterer Pluspunkt: Informationsgewinnung auf Grund moderner Warenwirtschaftssysteme.

Schon heute wissen die Handelshäuser oft weit mehr über Sortimentsstrukturen und Angebotswirkungen als die Markenartikler selbst. In den Jahresgesprächen bekommen die Key Accounter dies hautnah zu spüren.

Die Industrie muß ganz einfach an gemeinsamen Gesamtkonzepten interessiert sein, die durchaus auch Punkte wie Produktgestaltung oder Vertriebsstrukturen beinhalten können, und sie muß diese Konzepte zusammen mit dem Handel entwickeln. Nur so wird verhindert, daß Marketing-Budgets der Industrie zukünftig vom Handel investiert werden.

IEM ohne Grenzen?

Die Markenpräsenz mit grenzüberschreitender europäischer Wirkung steht bei vielen internationalen Unternehmen in der Diskussion. Pro's, wie einheitlicher Auftritt der Marken und Kosteneffizienz, stehen gegen Con's, wie Unterschiedlichkeit im Markt, Mentalität und Kultur.

Das Medium Event-Marketing hat es da erheblich leichter. Europäische Ereignisse gibt es etliche, angefangen von Olympischen Spielen über Formel-1-Veranstaltungen bis hin zum schon erwähnten

Thema Euro-Disney. Die Beteiligung an diesen Ereignissen zieht automatisch internationale Medienpräsenz nach sich, vorausgesetzt, die Budgetmittel ermöglichen ein solches Engagement.

Beispiel 1 — Pepsi Cola

Im Juni 1992 finanzierte Pepsi Cola ein Exklusiv-Ereignis besonderer Art. Ausgesuchte internationale Radiostationen sendeten pünktlich zum gleichen Termin die Weltpremiere des Michael-Jackson-Titels **Someone put your hand out.** Die Exklusiv-Vereinbarung zwischen den Sendern und Pepsi Cola sah vor, daß es diesen Titel nie auf Platte geben wird.

Beispiel 2 — TDK

Das Elektronik-Unternehmen TDK erwarb 1991 die Rechte, in einer europaweiten Werbekampagne die legendäre Rock-Gruppe **Rolling Stones** einzubeziehen. Hintergrund war das Sponsorship der Rolling-Stones-Tournee.

Beispiel 3 — deutsche Unternehmen

Weit über 30 Millionen DM investierten allein deutsche Unternehmen, um an den Olympischen Spielen 1992 in Barcelona profitieren zu können, größtenteils für internationale Strategien.

Diese Beispiele stehen für hohe Investments, aber auch für internationale Präsenz. Der gemeinsame Nenner ist Sponsoring.

Tatsächlich bildet internationales Sponsoring eine gute Möglichkeit, nationale Besonderheiten miteinander zu verbinden.

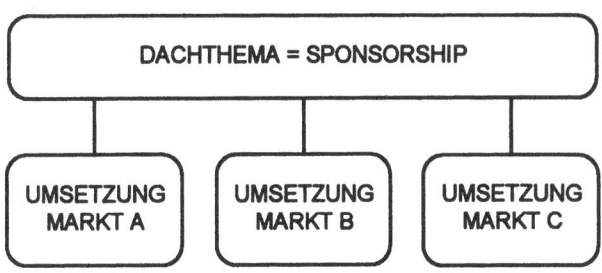

Grenzüberschreitende Basiskonzepte werden so auf nationaler Ebene durch Kommunikation, PR oder Kundenevents ausgewertet.

Am populärsten ist dabei immer noch Sportsponsoring, allein schon deshalb, weil in diesem Bereich die meisten Angebote existieren. Internationale Tennis-Veranstaltungen, Rennsport-Ereignisse oder Leichtathletik-Meetings sind allerdings auch bereits heiß umkämpft und machen entsprechende Budgetmittel notwendig.

Möglichkeiten im Bereich Kunst und Kultur sind eher die Seltenheit, sofern sie nicht exklusiv inszeniert werden, wie etwa im Pop-Musik-Bereich. Doch gerade bei Kunst und Kultur wirken sich die unterschiedlichen Mentalitäten Europas eher problematisch aus.

Die zu erwartenden europäischen Werberestriktionen, z.B. für Tabakwaren, Alkoholika, Lebensmittel oder Pharmaartikel, werden die internationalen Werber vor die Notwendigkeit stellen, sich nach Alternativen umzusehen. Eine starke Alternative liegt im Bereich des Event-Marketings, wie z.B. beim Sponsoring.

Zusammenfassung

Integriertes Event-Marketing ist, sofern man die gesamte definierte Bandbreite der Möglichkeiten nutzt, eine moderne Ergänzung des bestehenden Kommunikations-Mixes. Der Einsatz dieser Möglichkeiten verlangt aber nach einer generellen Überprüfung der bestehenden Kommunikationsstrategie.

Die Praxis zeigt, daß diese überprüfung meistens der schwierigste Prozeß im Umdenken ist. Selbst Unternehmen, die in regelmäßigen Abständen bestehende Situationen überdenken, kehren doch sehr oft zum Gewohnten — weil Bekannten — zurück.

Diejenigen, die sich damit jedoch nicht abfinden wollen, finden im folgenden eine Auflistung von Fragen, die sich zu bestimmten Themenkreisen des Integrierten Event-Marketing ergeben. Aus der Prüfung dieser Fragestellungen können sich Überlegungen anbieten, welche durchaus in neue strategische Richtungen führen.

Stichwort	Überlegungen

Kunden	– Wo liegen die Schwerpunkte beim vorhandenen Kundenstamm?
	  ● Eher potentielle Kunden (interessierte)?
	  ● Eher existente Kunden (überzeugte)?
	  ● Eher Markenfanatiker?

Szenarien	– Welche Zielgruppen steuert Ihr Unternehmen an? – Gibt es existente Szenarien? – Gibt es Möglichkeiten, Szenarien zu etablieren? – Welche Bedürfnisse könnten mit welchen Problemlösungen abgedeckt werden? – Wie können wir identifizierte Szenarien managen? – Sind dies langfristige oder eher vorübergehende Prozesse?

Strategien	– Wie ist die Gewichtung von Marketingzielen?
	  ● Kaufbereitschaft und Neukundengewinnung
	  ● Kundenbindung und Kundenpflege
	  ● Firmen- und Markenimage
	  ● Differenzierung zum Wettbewerb
	
	– Sind unsere Strategien übergreifend?
	  ● eingebundene Event-Aktivitäten
	  ● eingebundene PR
	  ● eingebundenes Direkt-Marketing
	
	– Wo liegen die Schwerpunkte der Kommunikations-Strategien?
	  ● Dialog
	  ● Service
	  ● Entertainment

Stichwort	Überlegungen
	– Welche IEM-Komponenten sind in den Strategien enthalten? ● Erlebnis-Strategien ● Szenen-Kooperationen ● Sponsoring ● Dialog-Marketing ● Special Events ● PR – Ist es sinnvoll, nicht genutzte Komponenten einzubeziehen?
Dialog-Marketing	– Werden Methoden zum direkten Dialogaufbau genutzt? – Ist es gelungen, bisher einen indirekten, das heißt inneren Dialog herzustellen? – Welche Ziele können über Dialog-Marketing realisiert werden? ● Interessenten-Gewinnung/Neukunden ● Kundenpflege/Kundenbindung – Wird z.Zt über die klassische Kommunikation ein innerer Dialog hergestellt? – Nutzt Ihr Unternehmen neuartige Techniken für direkte Kommunikation? ● Video ● Floppy Disk ● Voice Processing ● etc.
Sponsoring	– Gibt es unternehmensbezogene Leitlinien für Sponsoring? – Wird durchgeführtes Sponsoring aktiv in die Kommunikationsstrategie einbezogen? – Oder ist Sponsoring mehr die punktuelle Unterstützung für diverse Ereignisse?

Stichwort	Überlegungen
Special Events	– Sind Events in Ihrem Unternehmen mehr einzelne Veranstaltungen oder einbezogene Konzeptteile? – Sind Events Basis von Kommunikationsstrategien und,wenn nein, wäre das überlegenswert?
Public Relation	– Ist Umsatzförderung eine der Aufgaben Ihrer PR-Abteilungen? – Bieten PR-Meldungen Ihres Unternehmens immer einen Nachrichten-Inhalt? – Ist es sinnvoll für Sie, PR-Events einzusetzen? – Sind Ihre PR-Spezialisten in Marketingaktivitäten von vornherein eingebunden?
Budget Einsatz	– Erfolgt in Ihrem Unternehmen Mitteleinsatz eher konzentriert oder nach Teilzielen aufgeteilt?
Agentur	– Bieten Ihre Agenturen Ihnen neue Möglichkeiten an? – Kennt Ihre Agentur den Marketingplan, oder wirkt sie sogar an dessen Erstellung mit?

Bei allen Überlegungen sollte aber eines ständig im Mittelpunkt stehen: der Markt in seinen vielfältigen Ausprägungen und seinen fließenden Entwicklungen.

Dieser Markt ist nicht jenes mehr oder weniger abstrakte Gebilde, das sich bei etlichen Kommunikationsexperten damit verbindet. Er ist vielmehr die Realität der Gegenwart und der sich daraus ergebenden Zukunft. Markt, das ist ein aktiver, sich ständig verändernder Prozeß, der nach sich ebenfalls wandelnden Mechanismen verlangt.

Integriertes Event-Marketing in seiner umfassenden Definition kann bei richtigem Einsatz ein solch neuer Mechanismus sein.

Quellen/Literaturhinweise

Armin Ziegler	Deutschland 2000, 1991
Gerd Herterich	Kunden zur Familie machen Dialog Marketing, 8. Kölner Handelsforum, 1991, Econ Consult
Dr. B. Hommerich	Jugendliche, die kritischste Zielgruppe für PR Arbeit, 8. Kölner Handelsforum, 1991, Econ Consult
Brig. Kölzer, *Dr. Klaus Vossen*	Der Jugendmarkt, BBE Untersuchung, Verlagsgruppe Jürg Marquard, 1991
Tom Collins, *Stan Rapp*	Die große Marketing Wende, Verlag moderne Industrie, 1991
Gerd Gerken	Abschied vom Marketing, 1990, Econ Verlag
John Nasbitt, *Patr. Aburdene*	Megatrends 2000, 1991, Econ Verlag
Steward Brand	Media Lab, 1990, Verlag Rowohlt
Manfred Bruhn	Sponsoring Unternehmen als Sponsoren und Mäzene, 1991, Gabler
P. Weinberg	Erlebnismarketing, 1992, Verlag Vahlen
H. W. Opaschowski	Freizeit 2001, Projektstudie, B.A.T. Freizeit-Forschungsinstitut, 1992